# Bajo la luz de mi lámpara de Ikea

**Colección
Nagari Ensayo**

katakana
editores

# Bajo la luz de mi lámpara de Ikea

**Eduard Reboll**

katakana editores/colección nagari ensayo
Miami

**Bajo la luz de mi lámpara de Ikea**
Primera edición 19 de marzo de 2018

**Editorial**
katakana editores

**Editor**
Omar Villasana
**Foto y diseño de la portada**
Amílcar Barca / Omar Villasana

**ISBN 978-1-7321144-0-1**

**Nagari/katakana editores**

Weston FL 33331
Katakanaeditores@gmail.com

A **Charlene Batlle**
que heredó mi lámpara de Ikea en Miami.

Y al fundador de esta empresa
**Feodor Ingvar Kamprad**
(1926/2018),
in memoriam,
por haber socializado algo tan sencillo como son
el mobiliario y los objetos de uso cotidiano
en el mundo de hoy

Agradecimientos a

**Ángels Martínez**
por su labor de revisión y sostenimiento interior en mi
época de crisis.
**Omar Villasana**
como editor y amigo personal.
**Consejo Editorial de Nagari**
por su labor de difusión de la cultura hispana en EE.UU y la
amistad que nos une
**Alicia Arenas**
sin la cual el acto de
volición interior y puesta en escena de esta obra, no
hubiera sido posible
Y por supuesto, a **todos los lectores** que han seguido la
columna *Bajo la luz de mi lámpara de Ikea*
durante todos estos años.

# Índice

Lámpara de Ikea que iluminas el vacío de esta hoja en blanco
...pon luz a mi discurso interior
(Anónimo).

# Prólogo

## La mirada que ilumina el texto

La figura del escritor siempre presenta un halo de misterio, o tal vez, habría que señalar que el origen de lo que escribe, sobre todo si trata de ficción, es el arcano que el lector siempre busca develar. ¿Quién es en verdad el que escribe? ¿Realmente ha experimentado lo que relata? Cuando nos topamos con crónicas, reseñas o artículos periodísticos la pregunta parece ser trivial o de plano inútil, pero en estos momentos donde se antoja un mundo saturado de falsos mensajeros o que se solaza en la auto ficción, la luz es más necesaria que nunca. Iluminar los objetos, las situaciones, las vivencias connota un ejercicio de veracidad a diferencia de la ficción que requiere verosimilitud. El ángulo subjetivo no necesariamente oscurece esta luz, sobre todo si deviene de la experiencia del yo interno.

Imagino una escena: un hombre, busca un espacio íntimo donde sentarse a reflexionar sobre lo que le acontece en su realidad inmediata, aquello que, en el fondo le conmueve, sus experiencias de viaje y juventud. Encuentra ese espacio, acaso en el rincón más silencioso de un departamento en una ciudad de clima tropical, en un vecindario "joven" (la ciudad apenas ha cumplido cien años), fundada por un visionario -George E. Merrick- que termina en la ruina. Es el barrio de Coral Gables en el Sur de la Florida donde incluso el poeta andaluz Juan Ramón Jiménez recuperó su voz poética después de la desilusión que significó la Guerra Civil Española. Este hombre, vecino en el tiempo de Jiménez, también padeció el franquismo y en ese rincón de Coral Gables coloca una lámpara. No cualquier lámpara, el diseño tiene, de alguna manera, que superar lo utilitario, si bien habrá que admitir que esa luz ideada en Suecia de precio asequible (pues este hombre es catalán) es colocada con cuidado, sobre un escritorio que se encuentra poblado de papeles, algunos son dibujos de amigos artistas, otras son notas escritas al vuelo y por aquí y por allá puede que se cuele algún número de una revista de creación de nombre Nagari.

Es bajo la luz de esta lámpara que nacen los textos que el lector está a punto de develar. Escritos que desde el año 2013 fueron publicados en la columna mensual Bajo la luz de mi lámpara de IKEA de Eduard Reboll en la edición online de nagarimgazine.com. Al presentar esta edición en papel he buscado dar una estructura diferente a la experiencia cronológica que vivió el autor y de alguna forma encontrar el hilo conductor que guio durante los últimos cinco años su creación. Mentiría si dijera que fue una labor ardua, pues ello implicaría un trabajo fatigoso y nada más lejano de la realidad, esto por varios motivos, el primero es porque Eduard Reboll y Yo compartimos un amor por la literatura y el arte que nos ha hermanado durante ya más de una década, el segundo porque la prosa de Reboll es ágil y de una rica sensualidad en el aspecto amplio de la palabra, todos los sentidos están desbordados en sus escritos, así no solamente vemos y oímos aquello que nos relata, también podemos oler, degustar y palpar aquello sobre que escribe. Y finalmente porque al ir releyendo las columnas y darles el orden que ahora presentamos significó una experiencia lúdica, armar un rompecabezas donde cada pieza evocaba una vivencia, un sentimiento o un recuerdo único.

El escritor, para serlo de manera auténtica, debe ser un binomio voyeur/exhibicionista. Es el ojo que observa de manera metódica los hechos de los demás, sus gestos y lo que de manera interna guardan, es también la impudicia de quien se desnuda ante los otros, no con afán de escándalo, sino para iluminar aquello que permanece oculto tras los velos que voluntaria o involuntariamente hemos colocado a nuestra mirada, como Diógenes que nos mostraba que a veces es necesario usar una lámpara a plena luz del día. Así Eduard Reboll nos puede señalar que no es lo mismo ser un musulmán que un yihadista, como nos puede dibujar con

4

ternura nostálgica en base a las afinidades en común el retrato personal de Cristina (ex cónsul de España en Miami que murió de cáncer) o admitir como un buen y auténtico hombre de izquierdas que lo que se vive en verdad en Cuba es inadmisible.

Nagari (voz sánscrita que deviene en civilización, cultura o de la ciudad) ha buscado mostrar la riqueza de la vida urbana y Eduard Reboll es sin duda nuestro *flâneur par excellence.*

Como editor del presente volumen y del sello katakana editores, espero poder contagiar a los lectores con el entusiasmo que me provocó leer las columnas de Bajo la luz de mi lámpara de Ikea.

**Omar Villasana Cardoza**

Miami, 14 de marzo de 2018

# 1 mimiamimemima

# Miami/Barcelona

01/12/2017

Una despedida tiene dos polos: el retrato del lugar cuando llegaste y el territorio hacia donde te diriges. El género lo conduce la "fotografía literaria" el día que viajan juntos los recuerdos que uno sostiene firme en el almacén trasero de su cerebro ...y el olvido.

Fue un dos de mayo de mil novecientos noventa y cinco. Mi mujer, Mariana, observa a través de la mirilla del avión el perfil sobrio de su nuevo hogar. En la pista de aterrizaje, lo húmedo, fue mi alfombra roja de bienvenida; el sofoco, un retrato en la cartera de piel. Mi hija Olimpia en brazos, con un año aún por cumplir. A la salida del aeropuerto, una atmósfera de nubes junto a decenas de taxis amarillos impregnados con un número; el 444-44-44. Un ex oficial de Port-au-Prince me dice en creole: *Ou vle yon taksi*? Listos.

La ciudad que me iba a enfrentar era un álbum de cómics. Tenía varias viñetas sin concluir y quedaba poco tiempo para conmemorar su centenario bajo la bandera de Flagler. Algunos edificios en la lejanía cruel dibujaban un hermoso Manhattan desde la terraza del Rusty Pelican's, a pesar de ciertas pinceladas lúgubres de la serie Miami Vice en su haber. Las luces rojas de una ambulancia detenida frente a mí, en Biscayne blvd. contrastaban con otro cuadro al lado de siete policías y un proxeneta maniatado. Este horizonte, hablaba mucho de qué me iba a encontrar durante mi estancia.

Brickell seguía sin duda su éxito arquitectónico-financiero. Olvidando el polvo blanco de su origen. Nuevos ejecutivos poblaban la zona con trajes de Armani y se arremolinaban en Perriconie's Market Place junto a un botella de chianti... mientras algunas secretarias les reían, sin importancia, sus estupideces y aventuras.

Mirando hacia el este del puerto, las Bahamas y su colonia de octogenarios de fin de semana. Al sur, Key West y su leyenda bajo la milla 0 frente a un concurso de imitadores de Hemingway. Al oeste, los busardos, la serpiente cascabel, el ibis y lo ciervos cohabitando con el aligator americano en los Everglades. Al norte, Orlando y un castillo de hadas con un rolling coaster al lado, para seguir imaginando que las estrellas pueden alcanzarse en este país con una sola mano.

El Jai Alai aún funcionaba con pelotaris auténticos venidos del País Vasco. La cesta punta en pleno frontón; las apuestas entre el público. La calle 8 celebraba todavía, en aquel instante, los éxitos locos del Miami Sound Machine. Acordonada junto al mar por edificios recién restaurados como el Colony o el Avalon, Miami Beach. La gente de la playa, activa. Presumiendo su piel cobriza en la arena, o surfeando sobre los patines. Ocean Drive iba pronto a presenciar cómo su querido promotor y modisto calabrés Gianni Versase, moriría asesinado frente al portal de su Casa Casuarina.

El paisaje prístino de mi nuevo hábitat en Kendall era completamente distinto a la línea Mediterránea donde había vivido. Como observador, me detuve a cuestionar cada grupo humano que se ofrecía durante mis paseos. Personajes que iban a ser mis nuevos vecinos...

Una mujer de blanco, con un paraguas blanco y de blanca palidez... vivía al lado mío. Su marido, un santero Yoruba, esperaba puntual cada mañana a sus clientes en el jardín. Vestidos de uniforme bien planchado, Bruno e Ignacio se retaban religiosamente al salir de la escuela elemental, a ver quién sabía más sobre carros de lujo. Una mujer joven que no paraba de decirme "good morning my love" cada vez que nos cruzábamos me subrayó más de una vez...qué hacía después de las 9pm. Un jubilado de Carolina del Sur que, de tanto en tanto, conversábamos sobre lo ocurrido debajo la mesa del despacho oval, entre Lewinsky y el presidente. Mi compañero Mattews Blond, afroamericano nacido en Atlanta, comprometido en aprender la lengua de Cervantes por un nuevo amor que lo abducía bajo el tango; una mujer del barrio de Palermo; con un traje estrecho y corto y un corte cercano al pubis. Y por último, un iraní, mi primer amigo íntimo en esta ciudad. El único que entendió la ironía de mi discurso. Y el que escribe, el único que lo acogió en la clase como hermano; gracias a la marginación que sufría por ser musulmán. Juntos, aprendimos inglés con el señor Morales. Un habanero que vino por el Mariel mientras se empeñaba en reprendernos por nuestras bromas mutuas en MDCC sobre su acento neutro de Little Havanna.

Cafeterías con el mismo diseño al unísono: una ventanita abierta en la acera y un corro de individuos con unos mini vasos de plástico absorbiendo lo dulce entre sus labios. El impacto naciente de la Visa y la American Express para alguien que la única tarjeta que había conocido en vida era la del underground en su ciudad de origen. Nunca olvidaré esta frase de Mariana: "En este país; tú eres lo que tu crédito dice de ti." Period.

Centenares de pequeños negocios electrónicos en el downtown haciendo brillar sus lucecitas en Navidad. El teatro Olympia en plena remodelación. Innumerables homeless que, al igual que el cuento de la cenicienta, a una hora determinada, poblaban con puntualidad las aceras para iniciar su descanso o pasar a la eternidad aquel mismo día, por su condición de hambrientos.

Nunca hubiera imaginado calles bajo números y acrónimos con mayúsculas en blanco SW y NW para facilitar el punto de ubicación a dónde ibas. Y muy pocas con nombres tan curiosos como aquella guarachera que junto a la Fania All Stars, yo había escuchado en los años ochenta por la radio. Mi pequeño monstruo, llamado Celia Cruz.

Escuelas antiguas con el sello aún de "Grammar School". El Nuevo Herald vendiéndose en las esquinas de la mano de niños cuando el semáforo rojo detenía tu automóvil para anunciar noticias de Joe Carollo. El descubrimiento de lo que era un bagel untado libremente de queso crema y salmón ahumado siguiendo la tradición judía. Epicure se convirtió en mi centro sibarita a pesar de mi pobre financiación. Lincoln Road era un paseo recién cerrado al tráfico; cobijo e influencia robada a las Ramblas de Barcelona. Un banco por sí mismo: El First Union, con la caja fuerte aún de acero y timón para cerrar, inauguraba aquel camino natural hacia el Atlántico. Los eventos en el Colony o el Miami Ballet City dentro el Lincoln Theater. O la propia bohemia americana junto al humo del Marlboro y el blues, en Tobacco Road.

Adquirí mi primer trabajo frotando mis manos grasientas con un detergente genérico en el fregadero de una escuela de Kendall. Ahondando mi esponja por el aluminio de decenas de platas. Sirviendo la comida bajo uniforme de rígido blanco: arroz con pollo los jueves y pizza rectangular, al siguiente día. Pasé la manguera infinidad de veces por el suelo antes de dirigirme al college más cercano, día sí y día también, para aprender la lengua de Whitman; del cual, había leído rigurosamente su poemario Hojas de hierba... Mientras, jugaba con numerosas empleadas de mi edad en aquella cocina de Dante B.Fascell que no paraban de preguntarme lo siguiente

"Usted Sr. Reboll... ¿qué hace viviendo en este Miami?".

Me mudé aquí por una sola razón. Una sola. Yo vine a este país a ser padre. Y ahora me voy con dos. Dos razones: me regreso para volver a ser hijo, antes que mi madre se la lleve la Parca...y que la misma me empuje a mí al mar mi barca/ con un Levante otoñal/ y dejad que el temporal/ desguace sus alas blancas.../a mí enterradme sin duelo/ entre la playa y el cielo.../cerca del mar porque yo....nací en el Mediterráneo. Joan Manuel Serrat (Mediterráneo)

Disculpen. Quiero precisar un punto sutil para concluir...

No me importaría si este mismo cielo, temporal, o arena que cita el cantautor estuviera en Key Biscayne. El mar tuviese por nombre El Caribe. Y en el último momento de mi suspiro habitara a mi lado la sola razón por la cual vine a esta ciudad.

¡Adiós!

...aunque en el mundo global que nos envuelve, esta locución no tenga mucho sentido.

## Coral Gables. Un edificio

01/01/2017

**Apartamento #5**
A sus 78, Brianno Azure guisa unos exquisitos espaguetis a la carbonara. Entre los fogones y el armario de la cocina: el azogue refleja su rigidez corporal al remover el agua donde los cuece. La soledad blanca que evoca su piel, lo conducirán pronto al cadalso. Mientras se mira a sí mismo, el vapor y la tragedia por haber perdido el habla, se licuan en el espejo. Un cáncer de esófago lo arrastra la mayoría del tiempo a ver la televisión desde el sofá. Sargento del cuerpo de marines en su juventud, me vale para que unas pocas palabras emitidas desde su pequeño speaker de mano junto a sus cuerdas vocales en la gola, sirvan para decirme con autoridad que el "dinner is ready". Cenamos: su silencio es palabra oída para mí..."As you, know two hundred dollars are going to be increased next month here...fuck" le digo mientras envuelvo en mi tenedor la pasta con la cuchara. "Mmmmm delicious...". Brianno me observa con sus ojos cristalinos de maniquí en la tercera edad. Y a continuación, asienta con la cabeza un "I knew it Ed" desde su mudez obligada y su melancolía.

**Apartamento #13**
Vive solo. O mejor dicho, con el polvo del huracán Matthew en los muebles. La apertura de las ventanas hizo que el aire de este pasado octubre purificara su espacio y permitiese

una capa blanquecina en el mobiliario. La muerte de Guillermo Benites lo ha afectado. Era uno de los pocos que sabía que este popular locutor del Canal 23 procedía de Argentina como él. Y también de los muchos bonaerenses que aún custodian su bigote blanquecino con la mano izquierda. Carlos Uriarte posee un Honda color oro del 97. A destacar: su perfil del barrio de Palermo, una bombilla de plata con azúcar negro y sin mate, y una lámpara roja aterciopelada en su habitación de matrimonio. Dentro de su Toshiba con Windows 7 aun se distingue la lista de bookmarks de Youporn, de la de Youtube. Algunas veces, le pido una cebolla cuando se acaban las mías; y me la ofrece discretamente desde su puerta principal entreabierta al mínimo. Tengo la certeza, however, que es una buena persona cuando cierra la luz al amanecer antes de irme al trabajo.

**Apartamento #2**
El ruido de pecados rojos que emite en este momento Yunisleidys y Ricardo, nada tiene que ver con su último coito de felicitación por la subida de Trump a la Casablanca. Antes de partir y ya de regreso hacia la Pequeña Habana -… vinieron en busca de prosperidad- han sacado varios enseres junto al contenedor: un candelabro sin bombillas, dos butacas agujereadas, un camisón nuevo viejo de lycra con un mensaje en ruso я люблю тебя (…sí yo tampoco lo entiendo) y un esqueleto a tamaño natural que dejaron colgado en el roble detrás de la basura. Yo que entendí siempre la necesidad de ella por superar su curso de Asistente de Hospital en Miami-Dade, publiqué en Facebook aquella foto con la calavera ahorcada para que la gente opinase en las redes sociales.
Una persona conocida, cuyo nombre no puedo citar por razones de honor, me escribió este mensaje en privado por messenger: "Siempre te gustó llamar la atención en público. Todo en ti es un cuento de terror maldito; deja de escribir en imágenes y di la verdad".

Bueno, quizás pudiese tener la mentira de esta historia… y no la quiero contar.

13

# El Versalles y la crema catalana

01/07/2015

Hace veinte años, cuando llegué a EE.UU, un amigo de mi tierra me dio a entender que si en algún momento sentía la nostalgia de Catalunya, siempre había algún bakery en Miami donde degustar uno de los postres más populares y chupa dedos que dan internacionalización a mi cultura: la crema catalana.

Era evidente que mi amigo no profundizó en que no es lo mismo una "crema pastelera" llamada popularmente "natillas" en la dulcería cubana, que lo que se entiende originalmente por crema cremada o crema de Sant Joseph ya que es popular hacerla y degustarla durante la festividad de San José. Y poco tiene que ver con su hermana casi gemela: la famosa crème brulée de origen francés que se cuece por el archiconocido procedimiento de cocción lenta llamado baño María y que en sus ingredientes utiliza la nata en vez de la leche. Pues bien para aclarar...la crema catalana solo incluye las yemas –no las claras- de los huevos, leche, azúcar y almidón, no la popularmente conocida maizena, que no es más que un espesante hecho a base de harina de maíz. Y tiene la opción, popularmente conocida, de ser quemada en su superficie con azúcar, con la particularidad de que, si se hace, el dulzor en su masa líquida tiene que reducirse para no enfatizar y adquirir un sabor empalagoso en el gusto final.

Una vez aclarado...vayamos a los hechos

Por la proximidad que tengo con el famoso restaurante cubano Versalles, ubicado cerca de Coral Gables donde resido, a veces, cuando el infortunio o la soledad hacen presa en mi espacio... no dudo de ir andando por la calle 8 y entrar, ya no en el restaurante o su mostrador exterior, sino a su bakery. Allí, casi siempre le pido a mi Francis, a Rosario, Dayani, Carmen o a Olguita una crema catalana. La respuesta a menudo es "Lo siento, hoy te has quedado sin postre como siempre; hubieras venido más pronto".

Pues bien el otro día, sin olvidar el mal humor que provoca la respuesta, en medio de una discusión ligera entre distintos clientes de si son "natillas o crema catalana" lo que hay que pedir, un joven detrás del mostrador, con una amabilidad más cerca del savoir faire americano que a la gritería latina, me dijo "Ya sé como le gusta a usted. Y ahora mismo se la traigo y le digo al jefe de pastelería que se la queme con delicadeza; deme unos minutos"

Pues bien, éste es el segundo artículo que escribo sobre este espacio particular. El primero fue en tumiamiblog hace bastantes años hablando de sus famosas y finas croquetas de jamón, las mejores de esta ciudad sin duda. Hoy no precisamente porque las "natillas" contengan almidón o sólo yema de huevo en sus ingredientes, es evidente que no. Pero por el detalle hospitalario de saber que alguien había oído hablar de este dulce que internacionaliza a nuestro modo de ser y a mi país de origen, Catalunya, vale la pena desvelar el nombre de esta persona. Gracias Giovani Lugo, manager directo del Versalles. Esto es una muestra que, el conocimiento, debe estar ligado a la profesionalidad y no sólo mostrarse como un gestor del personal que tienes a cargo en tu función supervisora del negocio.

# El Miami Book Fair y los poetas

01/12/2016

No recuerdo fechas precisas y se funden años anteriores. El hoy, en un mismo plano. El ahora, en un mismo piso, el 8. Varias aulas prístinas en el MDC del downtwon repletas de aficionados y lectores.

Voy yendo...llegué.

## El ayer ( perdón mi "ayer")

Los años circulan con aceleración desde que vine a esta ciudad. Pero ahora aterrizan en sí; unas imágenes difusas de Orlando González Esteban junto a Octavio Paz hablando del dominio de la preposición del primero. El bullicio, un mediodía de otoño entre los pasillos de la feria mientras Vargas LLosa signa libros en la acera. Las editoriales de medio mundo arremolinadas en estas tiendas árabes llamadas booths. El olor a plátano en la cubierta de un libro de José Kozer publicado por el poeta Germán Guerra. Los ademanes de Néstor Díaz de Villegas en la tarima y frente al micrófono invocando el pecado. El público fan desde el silencio cómplice. La presentación primero de Vicio en Miami y después bajo las Confesiones del estrangulador de Flagler Street. Carlos Pintado junto a Daína en su llegada, o con su Unicornio y otros poemas en su presentación; su calvicie lúcida y brillante. Mi admirada madrileña, Ana

Merino con su obra Juego de niños.

Vivencias junto a Leopoldo María Panero, Poesía completa 2000/2010, agarrado a su lata de Coca-cola-coca mientras recitaba versos escritos en el manicomio. Su mirada se perdía como la de un niño frente a un tren eléctrico, cada vez que veía pasar el metromover a través de una ventana del Wolfson Campus. A mi amigo Alcides Herrera, vestido de Jesucristo en el monte de los olivos con su irreverencia gestual de genio-sin-duda, dominando haikus y asonancias. Escuchar la voz de Larios en la lengua de Whitman durante la feria del libro del año pasado.

**Momentos de ahora**

En la tarima, Legna Rodríguez con su verso distinto y hermosamente odioso; martillos de acero pulido contra la nada. Versos impunes bajo un cilicio de yogurt o la saliva sublime de la sorpresa: "Ahí no pude y me fui a un museo.../ Disparé maté a uno que debía de pasar de los cincuenta/ Volví a disparar y maté a otro/. (Caracteres) de Dame Spray.

Rodolfo Häsler soñando ser un ave blanquinegra mientras vuela por la ciudad de Sao Paulo "...la urraca insiste en un vuelo sin laberinto/ atraviesa el éter y anula el deseo yéndose por el costado.../ de Página 1: lunes. La urraca lúcida. de Diario de la Urraca. Posiblemente un homenaje a Ted Hughes en Crow (Cuervos).

Ver circular y leer a poetas como Félix Anesio, Joaquín Gálvez, Luís de la Paz mi amado (repito el posesivo "mi") José Abreu a Vázquez Portal, Tinito Díaz, Chicho Porras ( I miss you my friend), Ena Columbié, Lizárraga, Rodolfo Sotomayor, en funciones de editor de Silueta, Lizzette Espinosa, Yosie Crespo, Ximena Giménez...

Ad hoc un paralelo desde otra órbita espacio-temporal: la hondureña Denise Vargas en la librería Altamira. Sábado pleno y contradiciendo el título de su obra Martes como toda la vida con suculentas composiciones tan crudas y deliberadamente quiméricas... "Hay un tipo de fuego/que no nace al frotar dos ramas/ o dos piedras,/sino dos imposibles".

**Alrededor del Book Fair y los poetas...**

Un helado de chocolate derritiéndose en la mano de un anciano. Tres booths bajo el velo islámico de varias mujeres mientras sostienen El Corán junto a sus pechos. Un clown con zancos de aluminio y dos niños con una misma lágrima. Un distribuidor de cómics exclusivo para perros. La fe bajo una Biblia liliputiense que anuncia un pastor cristiano con gafas oscuras. Café expreso y una conversación gratuita con el ganador del Rómulo Gallegos 2015, el colombiano Pablo Montoya. Un silbido. El atardecer a través de los rascacielos exsuberantes del downtown.

La voz de una autoridad

"Hagan el favor de circular por la derecha. Muchas gracias por venir; hasta el año que viene". Palabras del capitán de los sequiuritis. El parking...

# La mudanza

01/12/2014

Siete años están en diecisete cajas marrones selladas en el comedor. Llueve en el patio. Hoy, sin paradas ni estaciones, una llovizna cubre un cielo oscuro en Coral Gables. Recogidos y clasificados, se amontonan los textos de poemas y manuales para hacer un guion junto a los libros de literatura, arte o de viajes. La ropa de vestir mayormente azul y los enseres negros en el pasillo, esperan su orden de salida. El mueble estantería, un televisor LG, trescientos veinticuatro devedés, una bailarina africana en una tapa de baño de Purvis Young, y Los hombres y mujeres Dro en acrílico de mi amigo, Joaquín González, ente otros, se irán pronto de mis muros. La colcha que cubre el sofá cama, la dejaré para ser transportada en el último viaje (me gusta arroparme en ella cuando estoy bajo la soledad del fin de semana). Y añadiendo otras oraciones copulativas al relato, decir que: el frío del rencor que llevo dentro, se teñirá del mismo matiz que estas nubes de plomo que ahora me contemplan.

He regalado una mesa y un juego de cuatro sillas de madera a un cubano. Horacio es como se denomina así mismo. Ha cruzado el Atlántico hasta llegar a la Guayana inglesa. Descansó en Venezuela a escondidas. Atravesó montañas y juncos verdes hasta llegar a Bogotá y cruzó Centroamérica en trailer hasta franquear a nado el Río

Bravo. Le he ofrecido nueve camisas distintas para cubrir el frío de la piel estos días, y un juego de tres toallas rosas. Mi primera bicicleta que tuve en EE.UU, se la he prestado para que pueda desplazarse a su primer trabajo cuando lo consiga. Registré su nombre en mi celular, desconociendo aún su segundo nombre y lo hice con el siguiente apellido, Buenasuerte. Horacio Buenasuerte. "Yo le voy a ayudar señor a trasladarse...no lo dude". Lo que no dudo es que su mudanza a este país, fuese una odisea en sí misma.

El apartamento me empuja a que me vaya. El apartamento no habla -...a veces es necesario y justo aclararlo a algunos lectores jóvenes que son adictos a los videojuegos- pero me dice: "Vete, adiós". Sus paredes ajadas me piden que alguien les lave su piel. El piso de parquet resquebrajado me solicita un descanso de mis pies. La vecina de abajo también quiere que "viaje" cuanto antes. El miércoles le empapé la casa de moho, al inundarse la mía de agua. Dejé el grifo abierto durante mi jornada de trabajo. Este espacio requiere que lo abandone en silencio. Como diría Neruda... confieso que he vivido en él.

Ahora he ido justo a la cocina a prepararme una manzanilla mientras escribo esta crónica y he empezado a notar el vacío que va a producirme la huida. Es tan estúpida la razón por la que parto que prefiero omitirla. Me voy. Sí queda claro... me voy y dejo un refrigerador sucio, y una cocina de gas hermosamente blanca donde he preparado mis guisos y mis sopas de carne y vegetales durante el invierno.

Dejo el alma de Blanca Campo Sagrado con un collar de santería y un Eleguá suyo que me llevo, y su corazón puro, sus limpiezas obsesivas en los closets y el orden en las cosas impregnadas en este espacio que, juntos, hemos compartido pocos y muchos días al año. Dejo los secretos que algunas mujeres me han contado en la sala o en el dormitorio. Y la vista directa al Woman's Club de mi ciudad con sus eventos suculentamente matrimoniales y caros o sus fiestas de quinceañera en otoño. Mis reuniones del equipo de Nagari frente a una mesita de té y dos sillones, mientras editábamos la revista o se especulaba con nuevos patrocinadores. Cenas con mis amigos de Tumiami o del Máster de FIU. Dejo los días tensos cuando mi hija Afrodita viene expulsada de su casa materna y castigada a vivir con su padre. Dejo su ropita de cuando era teenager y quería ser actriz mientras estudiaba el New World of the Arts. Su cajita musical de bebé o la fotografía que toda la familia desnuda se hizo para conmemorar su nacimiento.

Dejo a vecinos que quiero por la puerta de atrás... que ha sido siempre mi puerta principal. Don Eusebio, un hombre bondadoso que me recibe cada tarde para entablar una pequeña conversación antes de preparar mi ensalada de aguacates, cebolla y balsámico. O que me cuenta sus historias de Ecuador mientras, mi pargo a la sal de muchos viernes comprado en el mercado popular de Opa Locka, se va haciendo lentamente a la plancha.

Lucrecia, la niña del apartamento dos, que, por cierto, ya tiene novio y se ha reconciliado con su mamá; maestra de español y feligresa luterana. Vitorino y Manuela, padres de dos niños con parálisis cerebral y desempleados de por vida y milagros. Mi amiga "La Negra", artista plástica de molinos de madera y su novia Araucaria pequeña empresaria textil; ya no tendré el calor eterno de su hogar ni la estética de su estudio. Ulises y Ateneo, vecinos de enfrente, gracias a los cuáles tengo este nuevo apartamento donde me mudo.

Dejo la albahaca, la arrúgala, los ficus, la sábila filosa, el roble donde las malditas palomas se cagan en el techo gris de mi viejo Toyota del 99. Dejaré de escuchar hoy hasta las campanas de una Iglesia que, en domingo, tiene el detalle humano y libre de hacerlas sonar junto a un lindo jardín, mientras un agnóstico, como yo, se lo agradece.

Bien, la lámpara de Ikea se viene conmigo. Este artilugio que ha dado pie al título de mi columna en Nagari y que sigue siendo la razón viva de mi escritura. Voy a apretar por última vez el interruptor en esta casa... tengo que seguir empaquetando.

# Bibliotecas...

30/09/2013

*A los bibliotecarios del condado de Miami-Dade; a Jordi Artigal*

El califa Omar hacía referencia a la biblioteca de Alejandría y manifestaba: «Si no contiene más que lo que hay en el Corán, es inútil, y será necesario quemarla; si algo más contiene, es mala, y también es preciso quemarla».. Esta acotación puede servir para lo que nos pasa hoy aquí en Miami con relación al tema de la reducción de estos espacios con el susodicho alcalde. Nota. Pido que nadie lo tome como un agravio comparativo a los seguidores del profeta Mahoma.

El origen mundano de las bibliotecas fue práctico: recoger información de lo acontecido en su momento. Había que anotar y almacenar en su interior aquel instante o aquel acuerdo memorable y lúcido, tanto en los templos como en los palacios, y resguardarlo para dar testimonio futuro. Desde Mesopotamia a Egipto, los escribas y sacerdotes – sobre papiro y bajo una escritura cuneiforme o jeroglífica- se hacían guardianes de los documentos administrativos y de lo sagrado respectivamente. En la época helénica, los griegos hacen honor a la erudición en su cultura y aparecen bibliotecas importantes en el Mediterráneo, como la de Alejandría o la de Pérgamo. Los romanos del periodo de

22

Augusto crean la famosa biblioteca Octaviana. En la Edad Media, los centros del saber y el discernir se desplazan a los monasterios, bajo los arcos de ojiva; los monjes transcriben con pluma y tinta entre sus dedos, todo el conocimiento antiguo. Un ejemplo fue en Santo Domingo de Silos en España, o Santa María de Ripoll en Catalunya. En el mundo árabe también se erigieron templos del saber como la biblioteca de Al Mamum en Bagdad y la de Al Hakamm II en Córdoba, esta última durante la dominación hispano-musulmana en la Península. Llega el Renacimiento y nace la imprenta de la mano avispada de Gutenberg. La Reforma protestante agudiza las publicaciones de réplica contra el Vaticano y los libros se quintuplican. En el siglo XVII se crea la biblioteca de Oxford, más tarde, la Mazarina de París donde Naudé impulsará lo que hoy, prácticamente, se conoce como la bibliotecnología. Hasta llegar a mediados del siglo XIX donde el concepto de lo público, fruto de la revolución americana, creará la biblioteca del Congreso, concepto que se expandirá por todo el mundo occidental. Las bibliotecas, tal como las conocemos hoy en día, se organizan mayormente en nacionales, universitarias y museológicas, bibliotecas especializadas en ciencias, arte o literatura, y las públicas.

Recuerdo la primera vez que asistí a una; tenía mis catorce años recién cumplidos. La biblioteca se llamaba Eugeni D'Ors haciendo honor a un intelectual catalán amigo de la dictadura de Franco. Ubicación fija : Hospitalet de Llobregat (Catalunya). La Experiencia: una mujer rubia y autoritaria de unos cuarenta años, ponía el dedo índice entre sus labios para invitarme al silencio. Yo la seducía con mis preguntas impertinentes sobre Quevedo, Bécquer o Zorrilla "¿Qué quiere decir ser un Don Juan... señora Pilar?". La luz era cenital y baja, parecida a la de los prostíbulos de lujo, sobre unas pulidas mesas de roble. Los sillones de sky verdes de gran comodidad para la época (1969). El olor a pasta de cola que desprendían los volúmenes viajaba por toda la sala; los libros azules, recién llegados , dormían con solemnidad, en las estanterías como enciclopedias. Lo que más me impresionó por su longitud y sutil significado: La

Enciclopedia en español excelentemente encuadernada, con letras en oro en el dorso, e imitando a la piel negra de la editorial Espasa.

A lo largo de mi vida, siempre visité como amante que soy de los libros, la curiosidad y las metrópolis las que mis amigos "lletraferits" - eruditos - me aconsejaban. Las hay románticas y aptas para el regocijo como la del Círculo de Bellas Artes de Madrid, o la Biblioteca Nacional en la capital del reino de España o la de L'Ateneu de Barcelona. Una especializada en arte, que me quiero mucho, como la de la Fundació Tàpies donde reposan infinidad de libros visuales de colección del artista. En París, La Bibliothêque National de France o la que tiene el Centro Pompidou es otro lujo que nadie puede perderse si amas las artes plásticas. Las bibliotecas públicas de Chicago, Londres o Nueva York de construcción clásica que acogen en sus salas fúnebres el conocimiento, entre otros, del origen de la historia urbana de estas urbes. Mi particular espacio tradicional donde leo muy a menudo en la actualidad: la de Coral Gables en Miami o, incluso, la del downtown que tiene una gran colección de literatura hispana latinoamericana y a la vez acoge un espacio de reunión para los homeless de la zona en verano. Pero si hay dos que han marcado mi vida por la manera casi furtiva en las que me adentré y, por supuesto, por la importancia que adquiere su patrimonio, son la biblioteca de la Universidad de Harvard, en Boston y la Biblioteca del Congreso en Washington.

En la primera, utilizando mi identidad credencial como periodista pude observar y leer una primera edición de la siniestra historia de El gato negro del escritor A. Poe. Y en la segunda, viajando con mi mujer Àngels y cansados de un tour aburrido y predecible del guía, tomamos un ascensor en el edificio Thomas Jefferson dedicado, en sus sótanos, sólo al personal de la institución. De improviso, nos exhibimos ante las "cavernas donde el saber no ocupa lugar y el papel es pura y sacra historia de lo universal". Los vericuetos, pasadizos, glorietas, secciones y estanterías con poca luz, fueron incontables, limpios y de gran curiosidad por nuestra parte. Íbamos de incógnito. Prescindimos de las copias originales de la Biblia de Gutenberg, y de la importante declaración de Independencia de EE.UU, sin embargo nos adentramos en la Sala Hispánica a disfrutar de las primeras ediciones de Borges.

Las bibliotecas siempre han marcado, marcan y seguirán abasteciendo a los seres humanos de felicidad en distintas formas: como lugares donde se recopila la historia y el conocimiento de este planeta, como espacios de estudio o investigación, de actividad cultural y humana. Espacios monumentales de recreo o de descanso.

En Miami estamos viviendo una situación insólita con la reducción de estas instituciones que han aportado a la comunidad una suma ingente de beneficios. Es cierto que esta ciudad no es Alejandría, pero espero que a nadie de los políticos en el poder del Ayuntamiento se le suba a la cabeza, llevar a cargo esta sangría educativa y eliminar la tercera parte de las bibliotecas que disfrutamos en nuestro condado. No queremos que aparezca ningún zar que en nombre de la biblia -financiera y municipal en este caso- diga en forma maniquea: lo que está bien y lo que no está. De momento, se ha conseguido paralizar un año y retrasar este proyecto. Pero recuerde bien señor Carlos Jiménez: no queremos otro califa que se llame Omar sobre este tema y repita la misma historia, en este caso, substituyendo la pira por un decreto oficial. Apoyemos a las bibliotecas públicas y sus representantes allí donde estemos.

No al cierre.

# 2  Urbs Urbium

# Los madriles o "madrízs" de mi vida

30/07/2013

*A mis amigos/as de Madrid en Miami*

En julio de 1976, Periquito, apodo de Julián Sotomayor Ruano, sargento primero de la Armada Española, me comunicó que, entre todos los del destacamento de El Arsenal de El Ferrol del Caudillo (honor del ayuntamiento a la ciudad-cuna del Generalísimo Francisco Franco), el que escribe había sido designado in situ "marinero ejemplar y muy honorable" y escogido para un viaje turístico por la capital de España. Como acto de aceptación a este estúpido reconocimiento, me fui a conocerla. Con gorra de plato, tafetán negro y vestido de impoluto blanco, me dispuse a hurgar en la calle por conocimiento propio lo que en aquel tiempo, en el argot turístico, se denominaba: Madrid y sus alrededores.

Me alojé en el Ministerio de Marina. Y cada mañana, en formación castrense junto a otros elegidos, me dispuse a visitar los signos arquitectónicos de la España Imperial. Bajo la capa de una bandera rojigualda que decía "Una, Grande y Libre", visité sentado en un autobús militar, los monumentos más significativos y propios de aquella época: el Alcázar de Toledo, el Valle de los Caídos, la Plaza de Oriente, el Arco de la Victoria, la estatua de Franco, la plaza España.Y los más aristocráticos e históricos como el Palacio

27

Real , los jardines de Aranjuez o El Escorial. En aquel tiempo se mezclaban en mí dos impresiones muy contradictorias y agridulces a la vez: la espectacularidad que da el mármol o la piedra a la memoria y la tristeza que se daba a aquella simbología. El primer Madrid que vi fue el oficial y el gris... después de la muerte del autócrata un año atrás.

Estamos a principios de los 80. Manu, antiguo compañero de comuna en la Barcelona del 73, y Jefe de Redacción en el diario El Mundo en aquel momento, me invita a la capital. Otro Madrid aparece en mi vida: el Madrid social, el humano, el creativo y el ligado a un movimiento que daría que hablar en la historia de la cultura –...contracultura-española: La Movida.

Un Madrid cañí por tradición y de derecho. Una corriente neopop vitoreada desde los medios radiales y sostenida por un alcalde memorable: el inconfundible Tierno Galván. Una tendencia que marcó todas las artes y las letras y que pedía, a voces, una libertad aplicada; no tan sólo política: El Madrid del primer Almodóvar (Pepi, Luci, Bom y otras chicas del montón, Laberinto de Pasiones). De revistas como La Luna. De dibujantes como El Hortelano o Ceseepe. De fotógrafos como Ouka Lele, García Alix o Jorge Rueda. De pensadores como Javier Sádaba, o un Fernando Savater provocativamente inteligente y ácrata en aquel tiempo. De poetas como Francisco Villena o periodistas sinuosos si hablamos de Umbral. De músicos irreverentes como Alaska y los Pegamoides, Radio Futura, Nacha Pop, Gabinete Cagliari, Golpes Bajos, Mecano... Y canciones románticas como La chica de ayer, Camino a Soria, Ni tu ni nadie, Enamorado de la moda juvenil. Sin olvidarme de otros que, sin estar dentro del género, marcaban en paralelo una pauta política: Joaquín Sabina (el marginal) y Víctor Manuel y Ana Belén (la nueva trova madrileña). El Madrid del Casón del Buen Retiro con el cuadro de "El Guernica" cubierto bajo una urna de cristal. Un Madrid que nada tenía que ver con la piedra, el uniforme, la orden o el memorial. Un Madrid de personas donde el albedrío y la diferencia ejercían su voto y daba prueba de su capitalidad no necesariamente burocrática o ministerial.

En 1986 llego a la Villa (sobrenombre que adquiere Madrid) en bicicleta después de un año sabático y recorrer toda la Península a golpe de pedal. Me alojo en la casa de Jorge Sanz (Belle Epoque. F.Trueba). Visito El Prado y descubro mis tres mitos clásicos. El Jardín de las Delicias (El Bosco) Las meninas (Velázquez) y las pinturas de la Quinta del Sordo (Goya). La Biblioteca Nacional, el parque del Retiro el palacio de Cristal. Me acerco a la café Gijón, al bar Central y un domingo por la mañana, entre paseos, sol de primavera y baratijas, descubro el famoso Rastro.

A mitades de los noventa tuve que hacer los trámites en la embajada de EE.UU para legalizar mi futura estancia en el país y pasé tres días. Aproveché aquellas jornadas para hacer un "clásico" recorrido, que se dice, y ver los lugares emblemáticos que dan prestigio y luz a la ciudad: Cibeles, Neptuno, el barrio de Salamanca, La plaza Mayor y la del Sol, La puerta de Alcalá, El paseo de La Castellana, El Museo de la baronesa Thyssen recién inaugurado en aquel momento, Torre España, La Torre Picasso, Nuevos Ministerios... El Congreso de Diputados.

Hasta que de vuelta en 2003, aterrizo con mi hija y mi mujer para hacer un revival, ya más acomodado y viejito, para tomar un bus rojo de dos pisos y descubrir el estadio de mi rival futbolístico, el Santiago Bernabeu, y la plaza de toros de Las Ventas.

Una anécdota: en el rimbombante salón del Hotel Ritz, mientras me tomaba una café en tacita de porcelana y un coñac Lepanto, le robaron la cámara de fotos a mi hija. Quiero pedir disculpas a los "gatos" -apodo antiguo de los ciudadanos de Madrid- porque a raíz de este incidente, mi hija no quiere pisar ya más la urbe . Sorry...ya se le pasará.

A principios de julio de este año en curso, regreso. Tomo el tren AVE desde Barcelona. Llego a Atocha. Voy directo al Museo Reina Sofía y el loco de Salvador Dalí me enseña los cajones abiertos de su Venus de Milo. Su paranoia crítica con el Angelus de Millet, me intranquiliza. Entro, revisito el Guernica. El dolor de la guerra civil española regresa; miro a los ciudadanos que tengo a mi alrededor y me digo a mí mismo: "…nunca más". Tengo una cita. El Madrid de hoy viene de la mano de una gran amiga. Una mujer a la que voy añorar durante un largo tiempo y que está dispuesta a enseñarme la ciudad.

Nuestro primer encuentro; en El Caixa Forum de Herzog/de Meuron para contemplar su arquitectura. Recorremos la zona de los Austrias, Ópera, Gran Vía, Alcalá, Malasaña, el barrio de Chueca preparando su fiesta del orgullo gay. Visitamos Casa Alberto. Doña Manolita, La Bodega de la Ardosa. Nos tomamos un vino de jerez en la Venencia. El mejor buñuelo de bacalao jamás ingerido, en el Labra, junto a una clara bien equilibrada en limón. Después, unos pastelitos de hojaldre y un café en el Horno de San Onofre. Visitamos el renovado mercado de San Miguel con sus nuevos conceptos gastronómicos, la plaza Santa Ana.

Aprovechando unas horitas en soledad, logro entrar en el histórico Ateneo de Madrid. Incursiono en su ancestral biblioteca, y a continuación el bedel me enseña el salón de actos. Me enciende las luces… y siento como si las voces de Unamuno o Azaña acudieran a mí. Sigo hacia abajo en busca de la cuesta de Moyano; los libreros se han ido. Cambio de chip. Me dirijo al centro experimental sobre nuevas tecnologías Media Lab y la librería de ediciones La Fábrica. Adquiero Arte español contemporáneo 1992-2013 de Rafael Doctor Roncero.

Me queda poco tiempo. Hemos quedado para despedirnos en la azotea del Círculo de Bellas Artes. En la mano dos gin-tonics de Bombay Saphire y una conversación sobre la actualidad política del país (…sin comentarios). Al frente la ciudad en el atardecer buscando su noche sobre las terrazas. Un auténtico Antonio López sin pagar un céntimo por sus telas. Falta poco tiempo para cerrar esta estancia. Solo un titular robado a una revista de los años ochenta para despedirme: "Madrid me mata".

# Londres, no era Londres; hacía mucho sol

31/01/2014

Para los nagarianos – gente como tú que estás leyendo en este momento este artículo – las ciudades son colmenas de historias. Lugares donde la creación se forja a través de la ley de la supervivencia. A veces, el boceto de una idea social puede suceder durante un paseo en una avenida. No olviden que Carlos Marx está enterrado en el cementerio de Highgate. Londres insta a que "el por-qué- vivo-aquí" se cuestione con sólo ver esta ciudad.

El paisaje humano es imprescindible y hay urbes donde este panorama se te aparece sólo en las aceras. En otras, en cambio, hay que subirse al automóvil y apearse donde haya un centro comercial abierto, un bar o una cafetería determinada, o una reunión de individuos para saber qué milagros sucede alrededor de un accidente.

Pues bien durante mis cortas vacaciones en la capital británica estas pasadas navidades, pude comprobar varios elementos arriba expuestos y hacerme algunas reflexiones al caso. Por ejemplo, qué similar puede ser un viaje en el underground de la línea Picadilly con la línea azul del metro de Barcelona o la del metromover en la ciudad de Miami. Las tres conservan una cosa en común en este transporte público: la mayoría de los pasajeros/as que han tomado asiento, tienen sus manos sostenidas a un smartphone. Sus yemas, de tecla en tecla, no paran de bailar sobre la pantalla. Eso sí, en Londres, hay un silencio casi sepulcral en el metro; en Miami hay un término medio en el tono; mientras que el vocerío popular en los vagones, es habitual y, hasta a veces algo trágico, cuando un estirón de bolso sucede o cuando los pedigüeños te espetan a que sueltes unos centavos en la ciudad de Barcelona.

Londres, en la actualidad, está preocupada por los búlgaros o los rumanos cuando éstos entran en su territorio ahora que legalmente pueden hacerlo en la Unión Europea. Sí. O incluso aterrados por si les cayera el pastel incómodo de Escocia y decidiesen separarse del Reino Unido al instante tras el referéndum.

Los museos y galerías siguen siendo la mayor atracción de la ciudad por la calidad de sus instituciones y su gratuidad. Vi Facing the Modern: The Portrait in Vienna 1900 en la National Gallery. Ver a Klimt, a Kokoshka o a Shiele juntos fue una interesante experiencia, no siempre posible, para entender el expresionismo germánico. Asociar a los tres el ascenso de la ciudad de Viena al psicoanálisis y al soporte de la gran burguesía local, confirma lo dicho en el primer párrafo: la ciudad es un vertedero de ideas cuando hay demanda social y condiciones para ello. Fui a la más que notable Saatchi Gallery para descubrir una monográfica de los artistas jóvenes, y no tan jóvenes, que viven hoy en Londres, Body Language...Y por supuesto, fui a la guinda y siempre sorprendente Tate Modern. Esta fábrica de sueños en grande y punto de reunión de los que amamos el arte contemporáneo. Vi los trípticos "sucios" de Francis Bacon y, un pequeño autorretrato de Lucien Freud además de una sala dedicada sólo a Cy Towmbly; algo increíble sus lienzos gigantes de trazos rojos en espiral.

Hice también lo clásico; y algunas veces estúpido: recorrer los muelles junto al Támesis en marejada alta. Ir a Saint Paul y encontrar la catedral a punto de cerrar sus puertas. Entrar en la Torre de Londres y fantasear con los martirios humanos que cuentan las leyendas. Observar el Big Ben desde la vista clásica del puente bajo el río. Ir al Palacio de Buckingham... por decir que has ido. Entrar en un pub a tomar una manzanilla con anís, en vez de una cerveza negra. Llegar a Harrod's y buscar una tacita de cerámica de cuando se casaron Diana y el príncipe de Gales (...uno también es un "idiota" social) para regalárselo a mi madre y renunciar a ello por el importe de su valor (muy catalán). Hacer una foto a los dependientes con su sombrerito blanco y observar los vinos y coñacs franceses de sus bodegas; algunos al humilde precio de $15.000 un Chateau Latour de 1997, y una botella de Armangac de $113.000. Recorrí Chelsea, Hampsteand, el East End, Primrose Hill, Westminster, La City, Notting Hill, Hyde Park, South Bank... y este hermoso mercadillo ubicado en Camden donde lo multitudinario, lo cutre, lo único, lo antiguo y lo barato hacen un matrimonio en grupo de primer orden. Me perdí, también, entre los pasillos del Borough Market, esta cuna de la alimentación gourmet británica, y me hice amigo de un chocolatero al probar su particular tableta de 75% de cacao de Saint Lucie con pieles "confitadas" de naranja amarga... insuperable.

También, para mal, acudí a un hospital de urgencias antes de coger el vuelo. Allí pude comprobar la amabilidad y la atención de los médicos y enfermeros británicos por una gastroenteritis . Fue el primer día del año. Al grito de "Help please me...I have a stomach ache please". Unas nueces rancias compradas en un tiendecita regida por un hombre de Kabul me jodió la entrada del año. Al salir, le agradecí al sol radiante y al frío, la bienvenida y despedida que me dieron. Por eso pienso que Londres no era Londres sin su neblina plúmbea ante mis ojos... qué le vamos hacer.

# Berlín, lo judío y Joseph Beuys

01/08/2015

La ciudad no es una fiesta como entendió Hemingway a París en su tiempo de corresponsal "But this is how Paris was in the early days when we were very poor and very happy". La capital de Brandemburgo, hoy, se viste de fiesta constantemente para el que viaja, y celebra descubrir la arquitectura y el urbanismo de los nuevos artistas plásticos emergentes en las más de 400 las galerías de arte y museos que conviven. O -… porqué no- para vanagloriarse de amar a un hombre si eres hombre, o de amar a una mujer si eres mujer desde la libertad y el juego comunitario durante el día del Orgullo Gay.

Llegué al aeropuerto de Tegel por la mañana. Me instalé en un hotel de Wedding en pleno barrio turco. Al mediodía, mi compañera y yo, emprendimos un recorrido por la piel de metal del Jüdisches Museum Berlin. Este edificio llamado el Blitz, está diseñado desde la metáfora deconstructivista de su autor, Daniel Libeskind, quien rememora en su planta la aleación formal de un relámpago. En sus vitrinas, varias torás y objetos en plata: cuberterías, vasijas, candelabros, pequeñas arquetas en su interior. Fotografías de Einstein o de Walter Benjamín entre otros. Fotografías de una huida de esta comunidad a principios de 1933 sin apenas saber el rumbo por Europa o América. Fotografías del horror nazi desde la piel de sus víctimas. Desde otra óptica artística,

34

una escultura simple en una urna de cristal que parte de una instalación sin pretenderlo: los pantalones de Levi Strauss. Un hombre que emigró de estas tierras hasta San Francisco para popularizar una prenda de todos conocida, los jeans. En su interior, pasillos imposibles en el recorrido. Esbozos bajo una luz oblicua que rompe el concepto de la geometría euclidiana en su arquitectura y que permiten experimentar la pesadilla y la angustia de no poder ver la cotidianeidad de la calle. Hierba fresca y sombría en los patios que colindan el edificio. Policía uniformada al salir.

Berlín, sin duda, tiene una forma de mirar el arte y añadiría también una forma de escoger sus piezas. Lo expuesto se exhibe, en su mayoría, bajo una pátina propia en cada establecimiento de arte que acudes. Una limpieza sutil en las presentaciones. Una pulcritud en el caos e, incluso, un clasicismo, lo observas hurgando en la propia suciedad de ciertas piezas. Como ocurre con la obra de Joseph Beuys en la galería abierta de Hamburger Bahnhof. Objetos de piedra esparcidos en una gran sala palatina nos reciben en la entrada. Un simple traje de fieltro colgado tras el blanco de la pared, Filzanzug 1970, nos señala el camino que puede adquirir su vida una vez rescatado su cuerpo mórbido del hielo cuando cae abatido desde un avión de la Luftwaffe.

Este "perfomance-mudo", que en sí es el propio Beuys, es un ejemplo de lo que digo del carácter interiorizado de la mayoría de los que viven en esta ciudad: una bipolarización entre lo directo y la locura. Entre la culpabilización de un pasado el cual la generación presente ya no es responsable inmediato, y el amor a la creación desde la soledad y el individuo.

Berlín sin ningún gesto de Auf Wiedersehen ...de momento. Regresaré sin duda.

# Napoli, una obra dramática en invierno

01/02/2016

a Ángels Martínez

Uno se encuentra ante un teatro sin cortinas en esta metrópoli. La luz en el escenario... es un sol adormecido entre las nubes de este jueves. Acabo de llegar. El suelo no tiene marcas para un movimiento de actores; lo cubre un rocío permanente en el adoquín. La escenografía es la propia calle. La ropa tendida... el color del vestuario. Y los personajes que entran en escena son plurales. Una mujer que sostiene a sus dos hijos en un brazo. El coche de los carabinieri silbando en azul. Un joven que lía un cigarrillo en una hoja de papel de revista. El gallo pipo del bar Capriccio merodeando por debajo las mesas. Dos mozuelos con un alambre hurgando la cerradura de un automóvil. La borrachera de un soldado en un portal sin su novia. Una anciana inmóvil sentada en una mecedora de juguete. El olor a pez y berenjena de un cocinero turco... El sermón abierto y al aire libre de un clérigo.

## Napoli

Nápoles no agota nunca a sus protagonistas. Es lo que hoy en teatro se denomina: una obra coral. La viví cerca nada más llegar hoy. Desde la butaca del taxi que tomé en el aeropuerto de Capodichino hasta el centro. A través de la ventana, vislumbro abiertas las terrazas con sus macetas secas y desprovistas de tallo natural. Las cúpulas palatinas adosadas el paisaje urbano. Y las campanas mudas que uno divisa, durante el trayecto hacia la Piazza Garibaldi.

Hice lo común para el que ama una ciudad ...andar. Romper el recorrido clásico de la guía turística. Adentrarme en el maldecido quaritieri spagnolo. Y entender a los hombres y mujeres que, en nombre de la vida, ocupan los balcones en bata mientras fuman un cigarrillo. Escuchar sus yoes salir a toda prisa del recinto de las casas. Darme cuenta, de la estética que adquiere la sombra en sus muros. Disfrutar de los patios de vecinos y el tragaluz que los alumbra. Y poner mi oído, al sonido hueco que emite el tacón rojo de Sophia Loren por aquellas escaleras sucias; escucharlo, mientras las órdenes de Vittorio de Sica están en mi imaginación.

No fui a Scampia, el barrio donde Roberto Saviano habla en su famosa novela Gomorra. El poder criminal de la mafia es absoluto.honradamente, pensé que el peligro era un hecho que no debía afrontar. Pero recorrí el lugar donde Neruda encuentra cobijo con Matilde Urrutia, su amante en 1952, y finaliza, Los versos del capitán... La isla de Capri.

Toda la noche he dormido contigo
junto al mar, en la isla.
Salvaje y dulce eras entre el placer y el sueño,
entre el fuego y el agua.

## La isla romántica

Lo hice con un limoncello escondido en mi cazadora y a sorbos. Este lugar que ha llenado portadas de las revistas del corazón, me permite huir del bullicio y buscar refugio en los jardines clásicos de Augusto para poetizar, desde la mirada, la soberbia rocosa en el océano de il Faraglioni.

Hundí los ojos en los barrancos y las casas de piedra blanca adosadas en las rocas mientras viajaba en un autobús. Subí varios centenares de escalones hasta llegar al cementerio de Amalfi por las narrow streets que parten de la Catedral de San Andrés. Hablé con su celadora sobre las lápidas ilustres. Sobre el paso del tiempo y los pinos. Acerca de su madre muerta, y un pañuelo hermoso de flores que cubría su cabeza. Me despedí, cimbreando mi mano abierta como si partiese en una barca desde el puerto. Así lo hice, con un diminuto adiós a sí misma.. y al Mediterráneo.

El paseo vespertino que inicio, va en busca de una plaza donde escuchar la mandolina. Así es. Ver un espectáculo de puliccinellas por un titiritero pobre. Uno regresa al amor, por el café y las pastas dulces de los sfogliatelle. Degusto una copa di grappa en un bar y compro un helado de tiramisú. Me deleito en mi cono mientras contemplo la tristeza de la tarde. Y camino sin remordimientos hacia la muerte.

**Sí. Lo he dicho bien; hacia allí.**

Nápoles y la muerte son un matrimonio unido; una pareja convulsa sin el abrigo del silencio. Sí. Lo descubres en el Cimetero Delle Fontanelle. Este camposanto creado para recibir a los miles de cadáveres durante la epidemia de peste en 1836. Repleto de incontables cráneos y fémures a plena luz del día. Al lado de mensajes, del público de hoy, pidiendo suerte en la lotería de Navidad. O suplicando deseos imposibles, para contenerse y no ser, mañana, uno de ellos en el camposanto.

El prestigioso poeta residente, Giacomo Leopardi, que le ataco el cólera en la ciudad, lo resume así ."La gentileza de morir comprende".

La muerte es suntuosa en cualquier esquina... pero nunca anónima. Miles de pequeños altares rinden culto al Cristo de la Cruz, a la Virgen Santa, a San Genaro -patrón de la ciudad- o al difunto de la semana. Tanto da el anciano que emitió su último estertor el lunes, como la mujer joven que el cáncer de mamá le arrebate la posibilidad de alimentar a sus hijo. Con idéntica solemnidad, el gato Micifú con una vela minúscula al lado mismo de una fotografía en color, como Giusseppe, el niño atropellado en la acera cuando iba en busca de su pelota.

**"A Nápoles la mueven los muertos" (Liliana Castellanos)**

Estas calles son una fusión tan clásica de dos palabras al mismo tiempo que, como articulista, me da vergüenza citarlas por lo comunes. Estos dos verbos se llaman: estar y "no estar". En Nápoles "estás". Y a lo mejor, mañana no. Y que nadie se confunda con la cita de Hamlet y su doble verbo copulativo. El napolitano, no tengan duda: ama "ser" y para nada le interesa quien "no es".

Yo regresaré. Me resta contemplar la isla de Ischia y entender porqué la escritora Patricia Highsmith coloca a Mr.Ripley en aquel lugar antes de ser un asesino. Pisar las ruinas de Pompeya en mejores días. O acudir al Teatro di Carlo, para ver, si el fantasma de Carusso, abre el telón rojo con su voz de tenor.

La función ha terminado. Aplausos míos y de pie. No hay autor ni director a quién identificar. El elenco, entre otros muchos, se cita en el primer párrafo. Hay la ventaja que, el público, puede subir al escenario sin ser advertido. La platea, y él mismo, se encuentran en idéntico nivel. Esta es la punta de Nápoles ahora. Vengan a ver esta obra en carne propia; si es posible en diciembre. La capital de las Dos Sicilias les espera con los brazos cerrados.

Posiblemente aquí, en esta última oración, radique su belleza.

# ¿París...Toujours?

01/07/2016

*¿Hubo otro París en mi interior?* Anónimo

**Julio 1971; mi primer París**

"Contra Franco vivíamos mejor" dijo el barcelonés Manuel Vázquez Montalbán sabiendo la infelicidad que le producía la dictadura. Yo transformé su aforismo de escritor de culto "Huyendo de Franco...se vive mejor". La juventud y el viaje, han sido casi, siempre un matrimonio cómodo en cualquier generación.

París se encuentra aún con la resaca del mayo del 68. Tres años más tarde, en la misma confluencia entre el boulevard Saint Germain con el boulevard Saint Michelle, aún estaban los CRS apostados. El cuerpo que obliga a los estudiantes y obreros de aquella época, a levantar los adoquines para hacer barricadas al amanecer y amarse libremente durante la noche. Todos contra la política de otro general: De Gaulle. La ciudad fue un bullicio de cultura abierta y cosmopolita durante aquella primavera.

Les Halles era un mercado al por mayor. El perfume de la banana africana, el dátil de Algeria, las ostras de Bretaña, o la uva moscatel de Beaumes de Venis, se alternaba con la colonia barata de las meretrices. Sus medias de costura

40

negra y malla aún hacían estragos en mí. Billy Wider, en Irma la Douce, lo representó a la perfección con Shirley Maclaine seduciendo a los trabajadores del área con un cigarrillo en la boca. Acabado el verano, empezaría su demolición para dar apertura al centro contemporáneo Georges Pompidou inaugurado en 1973. Dos grandes parisinos existencialistas de la época, seguían asistiendo al restaurant La Coupole o Les deux Magots: Jean Paul Sartre y Simone de Beauvoir.

La torre Eiffel fue mi primer gran espectáculo. No precisamente por su altura, sino por el cobijo que sientes al verte protegido cuando contemplas su distribución férrea desde el suelo mismo. El Arco de Triunfo un juguete de guerra. Les Champs Eliseés un recuerdo...a Jean Paul Belmondo cuando es perseguido por Jean Seberg en el film À bout de souffle de J.L.Godard. El Màxims una broma de mal gusto para mi bolsillo. La Île de la Cité, donde se hospeda Notre Dame de París, fue durante tres días mi casa abierta al mundo. Bajando Le Pont Neuf, en la misma punta de la Ille y dentro mi saco de dormir, contemplé el reflejo de la luna llena sobre La Seine mientras fumábamos gitanes al lado de una botella barata de Côtes-du-rhône; un vino ligero y tremendamente ácido en aquella época.

Montmatre aún mantenía su pátina sucia y húmeda desde su montículo. Casi igual como la encontró Picasso o Van Gogh cuando visitaron la ciudad. Le Marais empezaba su transformación palaciega y burguesa para abrir el barrio a la comunidad gay del futuro. En Pigalle se seguía aún el mito bohemio de mezclar escritura con sexo y absenta. En cualquier buhardilla cercana al Moulin Rouge, surgen las putas y los lienzos en acuarela.

El Louvre aún era un espacio aburrido para alguien como yo. En aquel tiempo solo sabía que la Gioconda era una pintura donde el personaje de Da Vinci te miraba de cualquier ángulo que lo hicieras. La encajera, una pieza importante de la escuela holandesa de Vermeer. Y La Venus de Milo la mujer que, una vez "mutilados sus

41

brazos", lucía más hermosa para observar mejor sus senos y el equilibrio de su cuerpo. París era un destino final de trayectoria. La Gare du Lyon o la de Orsay ...así lo demostraban al detenerse el ferrocarril en sus respectivas estaciones.

El canto de Leo Ferré, George Brassens, Moustaki, Serge Gainsbourg, Jane Birkin, Juliette Greco, Yves Montand o la conocida de Edith Piaf con su La vie en Rose en la radio de la pensión...fue mi cine particular. Y no hablo del Truffaut, Chabrol, Rhommer, Jean Luc Goddard o Melville, directores todos del inolvidable movimiento la nouvelle vague, sino de un italiano que desde el interior de una apartamento del barrio del Odeón, refleja un París alicaído y personal a través de dos sujetos que ignoramos sus nombres. Un año más tarde de mi visita a la ciudad, Bernardo Bertolucci estrenaría Le dernier tango à Paris . Esta película es el resumen, en sí, del primer día que yo piso la Ville de mes rêves, según rezaba un grafitti de la Sorbona en aquella aparente y tumultuosa revuelta que dejó, en mí interior, una borrachera perpetua de vitalidad y transformación personal. Mi primer París sería de por vida mi toujours.

**Junio de 2016. Mi último París**

Ya no llego en tren. La empresa de transportes low cost Vueling, sustituye el billete gratuito por un mes que ofrecía la compañía de ferrocarriles de Europa Inter-rail en 1971. En este momento, hay huelga de controladores aéreos.

A los sesenta y uno este París mon amour sigue. Pero…. ¿se mantiene aún el adverbio de modo llamado "siempre"?. No. París hoy es un río de autobuses rojos abierto en la cubierta. Tu organismo sufre al llevar la mochila en el pecho por los robos en el metro y la edad de hoy. Un ejército joven, te vigila en cada esquina; sus metralletas se dirigen a la punta de cualquier pie. Y cuando observan tu barba blanquecina emerger lentamente de tu piel, se interrogan porqué llevas un pañuelo alrededor de ti.

Las innumerables brasseries de la metrópoli, muestran el mismo diseño exterior en cualquier arrondissement. Y las sillas ya no son de paja cruzada y amarilla como antaño, sino de tiras de plástico amarillas que imitan a la paja. Hoy, es 23 junio, y estoy de vacaciones. La Eurocopa de fútbol está viva. Y yo sigo observando la ciudad como si tuviera dieciséis. Por cierto...

Me emocioné con la exposición de Miquel Barceló, Sol y Sombra, en la Biblioteca Nacional. Este importante creador plástico actual -espero que el curador jefe del PAMM (Pérez Art Modern Museum) se le ocurra algún día llevarlo a Miami- es la bandera de un clásico del neoexpresionismo contemporáneo más radical por sus planteamientos, vivencias africanas, y su memorial a otro de los grandes, Pablo Picasso. El Beaubourg (Centre Georges Pompidou) tiene una hermosa colección de Paul Klee que habla de su etapa menos abstracta que hay que visitar. Otra sobre la Beat Generation, nos cuenta la nostalgia por un colectivo (Allan Ginsberg, el viejo loco Bourroughs, Kerouac) que, con su inconformismo, dieron pie hacia el movimiento hippie y antiguerra de los años sesenta en EE.UU y Europa y que, incluso, llegó a influir en la revolución parisina.

El cementerio de Montmatre, a diferencia de Père Lachaise o Montparnase, conserva su belleza convulsa que diría Bretón, intacta. Las tumbas siguen con su decadencia como si estuviéramos mediados del XIX. No es anecdótico que me gusten los cementerios, estoy influido por mi pareja que siempre se ha sentido bien con sus antepasados; sean, o no, de su estirpe familiar.

Mi vejez es aceptada... Lo sé, porque cuando analizo el artículo: uno "lee" lo que ya no tiene en la primera sección. Es decir estoy más cerca del mármol. No me importaría en mi despedida de cualquier hoy adoptar el epitafio de este ilustre y polémico autor francés llamado Marqués de Sade : "Si no viví más en París, fue porque no me dio tiempo".

## La Habana 2017. Unas notas en blanco y negro

01/05/2017

He andado con mis zapatos crema, los jeans y, bajo los bolsillos: mi fe en todo y en nada . A menudo, recorriendo la ciudad con mi camisa nívea de algodón y un pañuelo al cuello. Cogido de la mano, junto a mi compañera Àngels. El único transporte han sido dos taxis. Uno para ir y regresar al aeropuerto y el barquito que nos ha llevado a la villa de Regla. El resto, a pie y por decisión propia; a través del asfalto partido, el lodo, o los charcos incipientes en las calles de El Vedado, Habana Vieja o Centro Habana.

La gloria de los "héroes difuntos" está en la carretera del aeropuerto a la ciudad. He cogido mi cámara para revivir aquellas imágenes. Iconos que alguna vez adornaron la pared de mi habitación de joven. Desvencijados carteles hoy, desde el día que los "barbudos" entraron triunfantes en la capital. Algunos aún mantienen el mismo lema: "Viva Fidel". Y a otras proclamas, la pintura les quiebra el título y el significado: "Seamos realistas pidamos lo imposible".

Lo imposible hoy... es una cruda realidad.

**Centro Habana**

Llegamos a la Casa Púrpura. En San Nicolás. Muy cerquita de los almacenes La Época y la calle Galiano. Una antigua casa de techos altos y distribuidos en dos plantas. Nos instalamos a la orden directa de Mrs. Daisy. Al despertar, comemos fruta de guayaba, dos bollitos de pan, un huevo y aguacafé.

Salimos a la calle. La mañana inicia su caída. El atardecer, su principio.

Detenido entre miles de derribos, un niño con una bicicleta de una rueda y con el manillar abollado, da varios giros a nuestro alrededor. En aquel momento, me mira. Y desde la sonrisa, nos ponemos un chicle cada uno en la boca.

Una mujer mira la cerveza Crystal que no tiene en sus manos. Su vecina sí. Bajo una exigua luz, Yanisleidis muestra unas nike recién llegadas en la maleta de su prima Dunis. Ella le cuenta las pequeñas andanzas de su nuevo hábitat en Hialeah. Conversan. Mientras se miran las uñas y hablan de lo amores de sus niñez, la brisa que circula les mueve suavemente una cabellera ocupada por los rulos. Aparentemente no pasa nada.

Cerca de la calle Virtudes, otros salen en bata de dormir al circo de la calle. Con un cigarro entre el índice y el pulgar, una señora cuelga tres bragas y los calcetines negros de su esposo en un rellano. Un abuelo gira su mecedora para coger los deditos de su nieta que acaba de salir a la terraza. Un grupo de muchachos oyen a Maluma desde un aparato inmenso apostados en un portal. Doña Lolita sirve vasitos de fruta muy dulce y rojiza desde la ventana. Un bici-taxi se detiene en la bodeguita de enfrente para reposar las piernas su conductor. Varias escenas acaban de cerrarse cuando me adentro en un solar lleno de vidas sin vida.

Léase este último vocablo como sinónimo de: injusto, desde el infortunio o impropio de un país comunista…. La noche llega, a pesar de estos prefijos en "in".

Por el oeste, el sol se ha despedido en el malecón. Sobre el cadáver de una de las pocas fachadas que aún quedan por rehacer, alguien cruza sus brazos en la barandilla de su balcón. Mira hacia la calle y medita a modo de pregunta. Se cuestiona a dónde va su vida mientras observa de reojo el horizonte. Un grupo de adolescentes estrujan sus dedos en la pantalla buscando el wifi al lado de un parque. El mar sigue salpicando a las rocas y algunos transeúntes huyen del agua. Bajo la sintonía dócil de Luis Fonsi, la canción Despacito aparece de repente en la atmósfera "Sí. Ya llevo rato mirándote... tengo ganas de bailar contigo. Des-pa-ci-to...". Varios enamorados vigilan una luna ciega. Hablan a centímetros de la boca. Fuman. Otros, llevan petacas de ron. Los más veteranos, interiorizan miles de sueños a través del Atlántico.

Las jineteras han ido a rezar a María Magdalena en la Iglesia. Durante la Semana Santa se han ausentado. Ni el mar, ni los añejos turistas españoles cuando hay público, son ahora sus clientes. Dicen que la Coordinadora del Departamento de Trata de Personas de la ONU está en la Isla; hay que cuidar la imagen. El diario Granma que compré por diez pesitos en la calle me lo confirma.

**El barrio de Regla**

Bajamos de la lanchita al muelle. Llegamos tarde. La Virgen negra, solo la vemos adjunta en una humilde y cuidada capilla. Algunos babalaos y santeras se agrupan en su nombre vestidos de blanco virtuoso. Es martes y andamos por la vías que dividen al pueblo. Un tren eléctrico de grandes magnitudes ha circulado a escasos dos palmos de la puerta de decenas de casas en el barrio hasta hace poco más o menos cuatro años. Sale una vecina para ver qué sugieren nuestras preguntas. Vuelve a entrar.

En medio del sosiego que da el regreso inmediato a la pensión, el bullicio de unos niños en la calle está junto a nosotros. Imitan a Messi. Una pelota bien apedazada con retales rueda entres su pies. En el portal una foto del Che Guevara con el lema "Hasta la victoria siempre". ¡Gol! Ha entrado en portería ahora. Hoy perdió el Barcelona contra la Juventus. Muy a pesar mío, los chiquillos se ven felices.

Dos niñas en un rellano escriben con tiza en una pared. Dividen en perfectas sílabas palabras como, es-cu-do, ma-ri-po-sa, a-zul, h-i-el ( ...ésta no; pero da igual). Las niñas cantan e imaginan. La verdad es, que no sé qué ronda en sus cabezas, pero mueven los brazos como si estuvieran en la sala palaciega de un castillo. Alrededor, no hay ningún príncipe con pantalón corto.

Aunque sea un oxímoron, un "revolucionario" jubilado nos increpa directamente con cortesía:"¡Qué miran! La fachada del ayuntamiento está bonita ¿no?" Cuando intuye que le voy hacer una pregunta me espeta : "Ya sé. Esto es una basura. Es una ciudad destruida. Ud. no tiene derecho a decirlo. Yo sí. Yo he nacido aquí. Y le voy a contestar algo. Si el Comandante viviera, esto no lo permitiría". Don Antonio padece un ligero parkinson y me ha reconocido que hace dos semanas que no toma su medicación. Las pastillas no han llegado todavía a su clínica. Nos despedimos con un "Buena suerte compañero". Regresamos juntos a la Habana en bote. Damos una moneda en CUC (Peso Convertible Cubano) que equivale a 25 pesos de la moneda oficial.

**EL Vedado**

El día, hoy, tiene el mismo color que la felicidad. Por eso decidimos ir a donde corresponde. Aunque solo sea para equilibrar este difícil modo de vivir donde todo debe ser positivo. Allí vamos...

El cementerio Colón da fe a su apellido emérito. Un gran descubrimiento repleto de citas históricas, senderos y cruces. Durante la mañana de este miércoles primaveral, está prácticamente sitiado por un desfile militar: acaba de morir un combatiente de Sierra Maestra. Cerca de la entrada, se halla la tumba de Alejo Carpentier. Casi en el centro, La Milagrosa. La efigie en mármol de una mujer que es encontrada con su hijo en brazos al levantar la lápida. Una imagen fúnebre que se convierte en un mito. Y reaparece hermosa bajo la piedra. Dedicatorias y deseos con alguna flor adjunta, riegan de concordia este venerado lugar. Antes de irnos: un café, un pipí y una propina a la mujer que nos provee papel para el baño. Nuestra cita al lugar santo, finaliza.

Tomamos el camino de la calle Línea. El Teatro Trianon; cerrado por falta de aire. Allí nos entrevistamos con Carlos Díaz, el creador del grupo teatral el Público, y grabamos unas palabras para José Manuel Domínguez, el director de Antihéroes Project en Miami. Siguiendo la ruta urbana, nos tropezamos con El teatro Mella y la sala Raquel Revuelta. En el teatro Bertolt Brecht vemos La Cita; una excelente comedia basada en la situación de la mujer a lo largo de la historia de Cuba. La dirige Osvaldo Doimeadiós. Y está escrita por su brillante hija Andrea; actriz y dramaturga en una obra llena de ingenio y crítica.

En el prestigioso ICAIC (Instituto Cubano de Arte e Industria Cinematográfica), una dedicada y amable directora de un departamento que olvidé su nombre, nos recibe. Omite la respuesta cuando le pregunto el porqué El rey de la Habana de Agustí Villaronga, basada en textos del escritor Pedro Juan Gutiérrez, se prohibió filmarla en la ciudad. Es una mujer hermosamente libre en su interior y llena de brío. Durante la conversación hablamos de los posters que se muestran en la entrada, de Gutiérrez Alea, de Jorge Perugorría, Orlando Rodríguez y del film que no se pudo exhibir en el festival de la Habana en Nueva York de este año, Santa y Andrés de Carlos Lechuga. Al final, como si estuviéramos en una película de Buñuel, cerró nuestra entrevista con esta frase: "Quiero ser princesa y ver las cintas que quiera en el cielo. Mi difunto marido me dijo un día: una cosa es penetrar y otra ser penetrada". A buen entendedor, pocas palabras...

Frente al teatro Mella, al otro lado de la acera, se vende un apartamento en un solar. Entramos. Algunos vecinos nos miran con indiscreción. Pedimos audiencia. Una mujer enferma de obesidad y abundantes cicatrices nos abre la puerta. Vive sola. Consigo encima, solo una bata, un par de sandalias circulares y una gripe mayúscula: "Miren que lindo. Tengo una barbacoa arriba donde duermo. Suban". La estancia de María Mercedes luce como una celda llena de ropa obsoleta, mugre y fotografías de lo que fue. "Aquí, esta pequeña cocina donde solo hay que arreglar este liqueo que no cesa, y cambiar el fogón. Si quieren, pueden poner un par de armarios más o 'comoquiera' dejarlo así. En fin, todo por $12,000".

El Vedado tiene infinitos recovecos como éste que esconde una miseria abierta o disimulada. En uno de los mejores barrios diseñado antaño por la burguesía postcolonial, para distinguirla de cierta y escogida burguesía afín al gobierno. Aquí viven, entre mansiones reformadas bajo la nueva pintura y lo pudiente: los privilegiados que tienen el CUC en su cartera, el personal de embajadas y organismos oficiales, o los que toman el avión para cruzar el Atlántico con derecho a retorno y sin aprietos.

Entramos en la Dirección provincial de las Casas de Cultura. Un grupo súper amable de funcionarios nos hablan de sus viajes a España. De los pueblecitos de Granada o Sevilla. De la rana escondida en la Universidad de Salamanca. O de la Sagrada Familia de Barcelona. ¿Hablamos de cultura cubana en la actualidad?. No. "Hay lo que hay. Es decir hay nada o poco. Y hacemos lo que podemos con buena voluntad. Esto no es su querida España". Dice la directora. Mi compañera Àngels explica su experiencia con el tema de la mujer y el desempleo en su ciudad natal. Nos hacemos una foto. La disposición y la honestidad de estas personas salen a todo color, en respuesta al título de este artículo.

Llegamos por fin a Coppelia. Lo habitual y clásico; una cola larga de treinta minutos. Y una monotemática conversación con unos dirigentes que asisten a un pequeño congreso sobre proyectos sociales. Trump y solo el presidente Trump en una mesa compartida llena de variedad de helados, es el escenario para ello. Uno es de Caracas, el otro de Medellín, y con una actitud más firme y decidida, el contiguo, es de

Tegucigalpa; la ciudad de las maras. Es cierto. No hay ice creams como éstos en la isla. Degustamos unos de corteza de naranja y piña. Sencillamente únicos.

A la salida intentamos hacer un recorrido por los lugares de residencia pública. El hotel Habana Libre está repleto de turistas. El Capri con el sabor del gatpack de los años 50. En su terraza azul, donde se ve Miramar desde el aire, no hay ni un alma en sus mesas en este instante; son las 8 pm. Una langosta a la Thermidor $38 y una ensalada de verduras $12; el sueldo de tres meses de un trabajador medio si lo sumamos todo junto. "Muchas gracias. Vendremos otra día. Por cierto…la vista es hermosa desde aquí. De noche no parece la Habana.". Un atisbo cincelado de discreción y complacencia del maître permite que un camarero llame al elevador. Descendemos a recepción silentes. A nuestro lado una ascensorista que lleva más de nueve horas yendo de un piso al otro "Lo crea o no, señor, no puedo más con el sube y baja". Frente a la entrada del hotel, distintos vagabundos hurgan en los containers de la basura. Alguno esboza un bolero mientras recoge las migajas en una alforja de papel. Otros, esperan su turno y apuran una colilla. Un coche de la seguridad nacional, hace su recorrido en un azul discreto, mientras cruza la esquina a toda velocidad.

Comemos juntos en un pequeño paladar del gobierno a sugerencia de un íntimo amigo mío. Su nombre, La Roca. Un restaurante involuntariamente kitsch. Lleno de rojos inútiles en su decoración. Calor en la sala, e importantes demoras en el servicio. Para detener la nocturnidad, un cafetito en el elegante e histórico Hotel Nacional, y un paseo a pie de tres kilómetros hasta la Casa Púrpura.

A las 12 de la madrugada, la ciudad sugiere esconder su vestuario. Pero no es así. La Habana bulle abierta bajo la timba, la guajira, el reguetón, el guaguancó o una jam session en una sala. El habanero duerme, cuando su cuerpo lo decide.

Cada noche nos despedimos con el canal educativo del

televisor en la habitación. El himno, que habla sobre los logros de la patria, nos sirve de nana y biberón. Entonces, acurruco a mi mujer entre mis brazos y cerramos muchas preguntas sin respuesta, hasta la mañana siguiente.

## La Habana Vieja

Tomamos la calle Neptuno en dirección al Capitolio. Hay bastantes tiendas suspendidas (...en el tiempo me refiero) y algunas completamente difuntas. Repletas de productos obsoletos o de necesidad, y esparcidos sin ningún cuidado. Aparadores llenos de polvo con long plays del Sonero Mayor, Ray Coniff, Pedrito Rico, las estrellas de las Salsa.

De repente, aterrizamos en La Casa del Tango. Al fondo Carlos Gardel de perfil y su imagen quemada por los recuerdos en sepia. La ceniza de varios cigarrillos está en un plato. Sus profesores son un grupo joven. La mayoría teñidos de rubio y llenos de vitalidad. Disfrutan el tiempo que les legó el uruguayo y el lunfardo de Buenos Aires. Juegan al póker y beben agua. "Las fotos que usted quiera puede hacer...pero no aquella pareja del fondo que baila ahora mismo la milonga". Entendido.

Mientras caminamos observo con incredulidad los souvenirs de un mercadillo. Al lado, el Hotel Inglaterra. Y muy cerca y en ruinas, el cine Campoamor. La casa de Andalucía nos la muestran desde el vacío que implica su incipiente y lenta restauración. El centro cultural Cubano-Árabe es índigo. Pero lo más hermoso acaba de suceder ahora...

La salida de la escuela de los niños en el Paseo del Prado. El blanco de sus camisas y sus mochilas a la espalda. El grupo masculino sentado en un terraplén contemplando la seducción de las adolescentes bajo la mirada directa y la burla. El griterío. La felicidad por haber finalizado las clases.

La calle Obispo es un Disenyworld original pensado para soñar "lo que fue" esta metrópoli. Un pasillo hacia el mar para no deponer en el tintero sus restauradas tiendas, y la vida que hubo antaño. Arranca con una perfecta y bien restaurada fachada decó de La Moderna Poesía. Sin apenas más libros que no sean del Che, Fidel Castro, guías turísticas, o la revista gubernamental Bohemia. Y finaliza, por poner un ejemplo, en la morada donde Hemingway descansa al concluir su día: El hotel Ambos Mundos.

Arriba, una terraza espectacular e idónea para el reposo. Desde aquí, contemplamos el Cristo de la Habana. Una sublime bandera del país ondea entre El Morro y la escultura de su autora Jilma Madera. Al unísono, un trío matancero pone música de Carlos Puebla al lugar: "Se acabó la diversión vino el comandante y mandó a parar...". La gente sigue con sus daiquiris y mojitos. Sigue riendo. Por momentos, se escucha un "aaaaay". En la televisión, juega el Real Madrid.

La parte dedicada al arte contemporáneo en el Museo de Bellas Artes es un clarísimo ejemplo de conservación e incompetencia funcionarial al mismo tiempo. Estuve una hora y media -real: minuto a minuto- esperando a un representante para una entrevista con un típico "..Ahora baja, no se preocupe; ahora baja y le atenderá." del jefe de recepción. Allí descubro, las espectaculares piezas lúgubres de Antonia Eiriz y el pop de Raúl Martínez escondiendo la erótica de sus falos entre el color extenuante de símbolos como el de los héroes de la revolución, José Martí, o entre la hoz y el martillo. Hago un repaso a la obra de Mendive y revivo a José Bedia, Esson, Pérez Llorca. O me extraño al ver los comienzos de Tomás Martínez antes de iniciar en la tela sus paisajes verdes bajo la mudez.

Saliendo del atiborrado Floridita, decido hacer lo contrario. Voy por las calles colindantes, en busca de la otra Habana Vieja restaurada de amarillo y azul y cerca del amado mar. Me dirijo a las paralelas: Obra-pía, Amargura, Empedrado, O'Relly, San Juan de Dios. Tomamos un descanso en el parque Cervantes. Pongo mi cabeza en el regazo de mi mujer. Y contemplo con fruición los árboles perennes, la paz, el diálogo entre mendigos, los perros libres, papeles al vuelo, el vaho... Al momento, una voz vestida de sencillez abre los párpados de una pequeña siesta que me tomé. Es un mulato cercano a la cincuentena. Afable. Instruido. Preocupándose por si me pasaba algo al verme en posición horizontal. "¿De dónde son?" pregunta. "De Barcelona". Sus ojos se encienden "Mira por dónde...¿Usted no sabe quién soy yo?". "Con todo respeto señor, lo desconozco". Yo soy Rogelio Marcelo campeón olímpico del peso pluma en 1992. Le gané a Eric Griffin en su ciudad aquel mismo año. El domingo viajo como entrenador a Barcelona. Nos veremos allí, ¿no?." dice con una ilusión en los ojos. "Faltaría más, le respondo. Pero ahora vivo en Miami" Después de una corta conversación sobre su vida, los triunfos suyos y del país que habita... insiste en que vayamos al paladar donde Obama comió cuando quiso romper el protocolo. La última y única vez por ahora que visitó la Isla: "La Familia"; ubicado en la calle San Juan de Dios. Mientras caminamos con campechanía y distensión hacia nuestro destino, se para ante una tienda del gobierno y me dice: "Hágame un favor; porqué no entramos aquí y me compra un paquete de leche en polvo para mis hijos. No es muy caro". Así lo hice. Su representación, bien mereció pagar aquella entrada al teatro de la vida.

Absortos por lo ocurrido, continuamos a pie durante la noche por la calle Compostela. Antes de llegar a la esquina de Chacón -no olvidaré nunca el cruce: había muerto dos días antes la que había sido primera ministra de defensa española la señora Carme Chacón-, un hombre de mediana edad sentado en el portal de su casa y con un turbante en la cabeza, me induce a que le diga si tengo algunos pesos en el bolsillo. "Le puedo predecir el futuro. San Lázaro le acompañará siempre". A los pocos segundos, una anciana mujer surge detrás de su sombra y atraviesa la sala del comedor. Su orín rojizo le cae por las piernas. Un suelo de baldosas diseñado con flores lo absorbe en su caída. Al fondo, una lamparita de 20 vatios, una vaso de cristal con agua y varios relatos sin contar en aquella oscuridad. "Muchas Gracias" me dijo al cerrar la puerta.

En el bar Pablo Neruda, ubicado en el mismo malecón y junto al hotel Dauville, despedimos con un daiquiri y un cointreau con hielo a la ciudad. Mañana cogemos el avión.

**Viernes 14 de abril; aeropuerto José Martí**

Nos despertamos. Hacemos las maletas. Volvemos a comer guayabita, melón de agua, dos bollos de pan, un huevo y, esta vez, yo pedí que me calentaran una manzanilla con anís. Un taxi arruinado en su interior de color verde nos lleva por $25 al aeropuerto. La conversación con el taxista nos devuelve a la realidad. Colgado en el espejo de delante una banderita de España para que nos sintamos como en casa. Durante el trayecto conversamos. "La situación es muy dura como puede ver. Pero no estamos así porque queramos. Es el sistema que no funciona. Repito el sistema". Aquellas palabras se me quedaron grabadas. La culpa no es de ningún ciudadano que vive en la Isla. Ni de los que gobiernan ni de los que reciben sus consecuencias bajo el yugo. Ni incluso, de los que han huido al exilio y "han traicionado la revolución" y regresan con dólares para dividir al cubano en dos: el que tiene la moneda CUC y el que solo tiene acceso al peso devaluado.

La culpa – insistió- es del "sistema".

**Epílogo**

El final está en sus manos: para bien o para mal.

Pero voy a poner un ejemplo. Antes de llegar al aeropuerto y después del discurso, el supuesto taxista me dijo: "Sería mejor que me pagara antes de llegar al aeropuerto José Martí. No quiero que me vean los de la seguridad oficial recibiendo su dinero. Me podrían poner una multa por no pagar los impuestos".

Está claro que la culpa es de "el sistema".

## Posdata

¡Hasta la victoria siempre! Sin duda... Siempre que ésta se llame democracia y reconciliación. Los cubanos de ambos lados os lo merecéis, le pese a quién le pese. Esta Habana, a pesar de la moral alta y la fuerza de su gente para "resolver", no puede seguir bajo el color del título en esta crónica.

# 3 Los latinoamericanos; perdón, los míos

## Los argentinos; perdón, los míos

01/10/2015

El posesivo es importante aquí: mis argentinos.

Entré en esta cultura plateada de bien pequeñito. Desde el tópico común por supuesto; como corresponde a cualquier conocimiento que provenga de otras tierras. Mi abuelo, cada vez que llegaba la Navidad, antes de beber champán francés y comer turrón de yema, alzaba su copa y con su sombrero de ala ancha en su cabeza entonaba la siguiente letra

...Si supieras que aún dentro de mi alma/ Conservo aquel
cariño que tuve para ti.
**La Comparsita y Carlos Gardel**

acompañaba la sobremesa cuando mis pantalones aún eran cortos y se recibían bofetadas en el rostro si no había buen comportamiento.

En aquella época se hablaba más de aquella Evita frágil y hermosa que representaba las esperanzas ansiadas de los desamparados, que de su marido. Del Perón exiliado se habló más tarde, cuando recuperó su trono en el 73. A continuación vendría su muerte y su ritual. Y un año más tarde, Isabelita junto a El Brujo, López Rega, reinaron a sus anchas hasta que se exiliaron en Madrid.

Las dictaduras se vivían en ambas partes del Atlántico. La de Videla se amortiguaba en mi ciudad escuchando a Mercedes Sosa, Jorge Cafrune, y el gran Facundo Cabral. Sin desperdiciar para nada a Alberto Cortez, cantante que había heredado la dicha de mi padre en su diminuta discoteca de long plays en la sala del comedor. Empiezan a llegar los primeros exiliados que gustosamente recibimos. Uno de ellos, mi amigo de origen judío Gabriel Kreplack, me enseñó la bondad saludable del mate tomado desde una bombilla, los cortes inteligentes y apreciados del vacuno como el churrasco. Posteriormente me introduce al sonido del bandoneón, y después me instruye sobre la obra del maestro Astor Piazzolla.

La vida seguía… los desaparecidos también. Las madres de la plaza de Mayo circulaban en silencio voceando la desesperación a través de sus pasos y pidiendo justicia al mundo. Un día lees el periódico y ves a la armada británica dirigirse a las islas Falkland, y otro al ejército argentino de Massera hacerlo rumbo a las Malvinas. Entonces empiezas a entender que hablan del mismo territorio. Mientras, un poco de pan y circo a través de la retrasmisión de los mundiales de fútbol. A la par, la locura por un sujeto que le da a la pelota como nadie en aquel tiempo en el RFC del Barcelona… Diego Armando Maradona.

Suenan las trompetas de los ángeles de la Apocalipsis y aquello se derrumba para su bien. Llega un hombre con apellido diminuto a gobernar, Raúl Alfonsín; como mínimo tiene la delicadeza de hurgar en el pretérito oscuro de sus antepasados inmediatos. Al poco tiempo, otro político muy elegantemente vestido y con grandes patillas en su rostro, Menem. Hasta que un descalabro de la economía argentina provoca que el ministro Domingo Cavalho haga popular "el corralito"; un sustantivo hoy temido en cualquier país del mundo.

Antes que Kirchner llegue al poder uno se entera que existe Fito Páez, que tuve el gusto de conocer hace ahora quince años en una galería de Coral Gables, junto a su amor romántico de la época: la actriz musa de Almodóvar en su momento, Cecilia Roth.

En la universidad miamense de FIU hago un curso sobre cine latinoamericano y descubro a Luís Puenzo en Una historia oficial, Alfonso Aristain en Un lugar en el mundo, y a una musa incipiente, Lucrecia Martel, en una pieza de terror blanco, La ciénaga. Llega mi periodo de goce con Ricardo Darín en la maravillosa Nueve Reinas, El hijo de la novia, o Luna de Avellaneda. Más tarde con El secreto de tus ojos con quien consigue un oscar y hace unos minutos me acabo de enterar que le han dado el premio de interpretación masculina en el reconocido Festival de San Sebastián por Truman, del catalán Cesc Gay, compartiendo protagonismo junta a Javier Cámara.

La literatura no es menor y más si uno intenta dedicarse a ella desde la propia realidad autobiográfica o la mentira imaginativa -nunca me he retratado con "ficción literaria". No es ninguna verdad si os digo que yo inicio mi escritura cuando escuché estos versos de Fervor de Buenos Aires en este poema mientras enterraba a mi amadísimo padre en el cementerio de Sants en Barcelona.

Bellos son los sepulcros,
el desnudo latín y las trabadas fechas fatales,
la conjunción del mármol y de la flor
**La recoleta. J.L.Borges**

Estar en París al lado de la Maga y su autor Cortázar, y recorrer sus calles y recodos sin importarme qué capítulo. O acudir a Oliveiro Girondo, a Juan Gelman, a las poetas suicidas y a la vez, lúcidas en sus versos a como Alfonsina Storni o la inquieta Alejandra Pizarnik /mi ser henchido de barcos blancos/ del poema Lejanía

Pero si cerca están, son los conocidos de la ciudad mágica donde hoy habito, Miami. Todo truco es sabido para evitar el voseo, aunque aquí nadie puede esconder su ego venido de Recoleta, Palermo, La Boca o de Belgrano. (Buenos Aires querido...y pensar que aún no he pisado tu alfombra de ciudad).

Aquí en la Florida ironizo con mi mentor y amigo personal Mario Diament , gracias al cual, hoy, desafortunadamente, escribo menos debido a sus indicaciones de forma gratuita, que, para un catalán, le es propio. Una fotógrafa que plasma la noche como nadie, Luján Candria. Otro artista que me une el amor mutuo por el circo humano, Pancho Luna. La creadora de sueños abstractos desde el silencio Marta Estrems. La galerista Daniela Montana y su gran amiga Adriana Blanco. Los teatreros: El grupo de Cirko Teatro, Kevin Cass, Polaco Nutkiewicz, Pilar Brú, Verónica Abruza, Belén Cuirini, Susana Biondini, Clary Segal, Juan Lopestri, colaboradores íntimos de la revista Nagari, como Hernán Vera, Esteban Charpentier desde un micrófono en su ciudad natal, Luís Benítez. Y por supuesto mi amiga y directora de la publicación, Alejandra Ferrazza.

Por cierto, tengo un alfajor en mis manos en este momento a punto de morder su delicioso dulce de leche...les dejo con los que ya son "suyos". Sus argentinos de hoy . La lectura permite este sentido particular de propiedad, sin sustraer nada a nadie. No hereden la culpa por apropiarse y si así fuese siempre queda una milonga en el aire.

# Los cubanos; perdón, los míos

01/03/2016

## Mis primeros cubanos

El primer cubano que aparece en mi humilde vida es -valga la curiosidad- el que la dio indirectamente al que escribe: el mulato Antonio Machín. Una canción de este cantante unió a mis padres por allá los años 50 en un salón de baile en Barcelona, Angelitos Negros. En la discoteca privada de mi mentor, aparte de Frank Sinatra y Cole Porter, estaba Olga Guillot, que vivió un tiempo en mi ciudad. Le seguían Benny Moré, Sonora Matancera y La orquesta Aragón.

Llega mi época revolucionaria y juvenil -le duela a quién le duela, fue así- y antes que decantarme por la nueva trova de Pablo Milanés o Silvio Rodríguez, yo prefería los ritmos del son montuno, la guaracha, o el guaguancó. La rumba de Pedrito Díaz, uno de los fundadores de la Orquesta Mirasol en Barcelona. Antes... los ritmos de Juan Formell en manos de los Van Van e Irakere. O el jazz afrocubano de Machito y su orquesta. Chano Pozo, o los arreglos de Mario Bauzá. Oí a Celia Cruz por primera vez en una barra de prostitutas - no; no piensen mal. Se había anunciado que en el bar de "señoritas" Tequila en calle Escudellers, en el famoso Barrio Chino de Barcelona, los marineros puertorriqueños del John F. Kennedy habían alquilado el local para la anunciar la "primera fiesta de salsa" en la ciudad. Bajo el brazo de aquellos militares de la US Navy: La Fania All Stars junto a

Tito Puente y La Reina. Aquella voz la volvería a escuchar de nuevo en la calle 8, al venir a vivir a la Ciudad Mágica.

## La familia cubana

Vinieron los Juegos Olímpicos de 1992. Yo era el Director de Formación del departamento de Hostelería de la Villa Olímpica de Montigalá. La fotocopiadora de mi despacho se había fundido. Mi émula, la Directora del Logística y Alojamiento de NBC, se ofreció a que su secretaria estuviera a mi disposición en este asunto. Allí conocería a la que fuera la madre de mi hija Olímpia, la cubanita Mariana. Mi primer impacto fue escucharla en dos ámbitos distintos: "Yo bailo salsa...je je je como una Matancera". Mentira; aquella mujer no sabía ni girar la cadera e ignoraba quién era Willy Chirino o Gloria Estefan. La segunda, fue escuchar el habla de la siguiente manera "No se preocupe por la copier yo le puedo printear lo que ustedes quieran". Era la primera vez que escuchaba spanglish en mi vida. El escritor y Premio Nobel Camilo José Cela tenía razón cuando visitó Miami. "Se empieza así...y así comienza una nueva lengua". Mariana se había criado en New Jersey y su honorable padre, masón e hijo de Cárdenas, al igual que su madre y el resto de la familia, eran gente buena y tuvieron que huir con lo puesto y recibidos en la Torre de la Libertad como cualquier otro refugiado que llegaba de la Isla a mediados de los 60.

## Los cubanos de Miami

El primer cubano de Miami que conocí, tenía uniforme oscuro y mi propio pasaporte entre sus dedos abierto. Miró detenidamente mis ojos y me dijo ¿Is this your first time in Miami? Mi falta de respuesta inmediata le invita a decirme frente a frente "Tranquilo se lo diré en la lengua de José Martí. Bienvenido a América". Aquel día descubrí que había un sustituto para Cervantes cuando utilizamos la gramática que nos une como pueblo. Martí, un poeta que yo solo conocía en aquel tiempo por la letra de una canción popular, Guantanamera.

Vinieron otros que me dieron clases de inglés en el MDC mientras se reían del fonema "z" de mi castellano. En mi primera visita al Versalles había un hombre que, sin pudicia alguna, me dijo que él fue quién falló el disparo que iba a matar a Fidel cuando estaba en Sierra Maestra. Junto al anterior, Don José, me impartió una lección sobre la repostería y elaboración de los pastelitos de guayaba y queso. María Isabel del Río, mi segunda mujer, me acogió cuando yo lavaba platos en una escuela al llegar aquí, hizo de segunda madre de mi hija y se definió como americana. Una mención a sus venerados padres que les debo el beneplácito de abrir sus brazos como si fuera su hijo en su pequeño hogar de Hialeah. Su amigo Florencio, un pinareño que me regaló un diccionario con los aforismos propios del argot cubano; allí aprendí: jutía, ajiaco, mamey, guanajo, fotuto, jicotea, majá, asopao. Catalina de la Nuez, en cambio, me obsequió mi primera guayabera negra.

Los cubanos que conocí en la universidad de FIU. El que me dijo con un vozarrón de hombre radial "yo soy homosexuá y amo a Luís Cernuda desesperadamente", hasta el que me negó su condición porque estaba casado y "Dios lo ha querido así". Mi amigo Rogelio Úbeda que me introdujo a Virgilio Piñera y que ahora vive en Mississippi. Humberto Horma el profesor de Camagüey que se rio de mí porque le comuniqué que me gustaba el poemario Songoro Cosongo de Nicolás Guillén. Allí conocí a una cubana, más rusa de cara que caribeña, que hoy nos anuncia a diario la situación opresiva del país en pantalla de alta definición. A mi amigo Ruiz Galván que organiza tertulias en un hermoso jardín bajo la luna. En este espacio, acuden desde la periodista que odia a ISIS y se sentó junto a Octavio Paz en la feria del libro, hasta el poeta azul que publica en New Yorker. El que se pregunta porque hoy es "tiempos de suicidios". El suicidado que fue un amigo entrañable mientras vivió. El desaparecido el año pasado el cual ayer celebramos su aniversario en facebook. El aturdido poeta que aún busca a su estrangulador en la calle Flagler. El que tuvo el detalle de presentarme a Esteban Cárdenas, en paz descanse. Las poetisas todas (repito todas... y así ninguna puede justificar que no estuvo ). Al rey de los haikus caribeños que gana premios en Washington y a su compadre Pepermint mejor gourmet en arte y descubridor de figuras olvidadas de la historia. Así como del rey de proyectos arquitectónicos imposibles y gran conocedor y teórico del mundo urbano.

Mi amigo el noble caballero Insulano que sigue aún en cuarentena con sus versos. La librera Cristiana Nuestra que ya no organiza libros and libros, sino franquicias por Miami en tiempos de ebook. (Por cierto en la sede del Arsh Center un té vale 5 dólares... asere). Mi amiga psicoanalista que recoge mis pesares con una copa de vino un domingo al mes en el restaurante Talavera.

Los habaneros que inauguraron el primer blog importante de Miami. Esta Eslinda Cifuentes y este Caballero de París millonario en citas y filosofía pura y kantiana. Sus cenas de palabras, arroz blanco con ensalada verde y merlot. Junto a ellos mi amigo el "rojo" más que Pink que nos da de tanto en tanto alguna disertación sobre Gutiérrez Alea, la obra de Carlos Luna, o del propio Bedia, de Yovani Bauta o Los Carpinteros. El balsero que atravesó el mar y el tiburón mermó su pierna, este gran diseñador de sueños y cocinero privilegiado para pocos. El pintor de figuras Dro, grabador, asiduo a la selva amazónica peruana y amante de la cultura ashanika. El fotomontador que necesita animales muertos para que el arte sea arte animal. O el que busca la huella del caucho en las paredes de las autopistas para hablar de una ciudad desde sus autovías ciegas. Al rey de las papayas abiertas. Incluso hasta Billy el Niño, el curador que organiza exposiciones en la pequeña Habana sobre el oficio de los suyos y los del más allá. El "comunista" que todos odian que vive en la isla y que tiene por antónimo la palabra "todo". El curador que ya domina el inglés y puede dar lecciones sobre fotografía latinoamericana en cualquier páramo de EE.UU. A Xixo Chancho que ha venido de Nueva York para preguntarse "qué hago aquí... dónde está la cultura".

Los que ahora hacen del teatro una vela de vanguardia.

Desde los que están en el teatro del fin del mundo. O los que tuvieron que cerrar sus puertas en la pequeña Habana primero desde la fama y después desde el té. Los que se esconden en talleres industriales en la zona de Bird. Los que lo hacen teatro hablando con arte en la avenida 12 con la seis calle, a todo este grupo de gente hermosa + el superego de su capitán. Hoy tiene el record de páginas de resume en su haber de todo el colectivo. Hasta los que en un container de microteatro encierran a gente en una balsa ficticia para hablar de un país de sueños muertos. A los que prodigan la comedia ligera como actrices star-system o las que hacen del drama trascendente su bandera de éxito investida de Juana la Loca o de desquiciada útil junto al paseo, en un malecón .

Incluso a los que vienen a visitarnos de Cuba y desnudan su piel y su discurso en pos de libertad y entendimiento en ambas partes versificando una particular y cruel Antígona. Al hombre del perro pigalle, a este héroe capaz de ver lo que otros ignoran (Gracias amigo). Gracias también al Wi-Fi. Un hombre que me conecta con lo mejor de los espectáculos en Miami sin necesidad de password. A mi amigo Oscarito, por ser quién es. Al dramaturgo que tuvo que huir mientras protegía a su madre de las piedras en un acto de repudio. A su pareja que está en guerra tierna con él, a pesar de su apellido. A los cineastas que rigen salas como una torre de marfil y a los que tutelan los destinos de la ciudad desde el MDC, nos permiten hoy este Festival Internacional de Cine en Miami.

A gente sencilla y honrada como nuestro director de impresiones gracias a lo cual nuestra revista Nagari sale anualmente y recién llegada de China. A su familia por supuesto. A la fundadora y a los suyos. Por supuesto, a cieloymar de la revista Baquiana que ya tiene su presión bajo equilibrio gracias a la falta de sal de su amigo. A los de Conexos, los de Rácata, los de Signum Nous. Los que se reúnen alrededor de Cuba 8 bajo el nombre de un rey mago y negro. A todos estos cubanos de la zona este de la ciudad.

A los cubanos que no he citado y mañana van a permitirme sentir la culpabilidad en solitario. Por supuesto, también me refiero a los cubanos de la isla. Para que juntos vuelvan a unirse a partir de abrir sus brazos y extenderlos. Nunca mejor precisada la definición: volver a unirse. Dos verbos básico para conseguir la libertad sin fisuras... en un país que ya no puede esperar más

Se lo dice alguien que también vivió una dictadura.

# Los mexicanos; perdón, los míos

01/08/2016

*A Donald Trump*

## A modo de prólogo: una reflexión

En este mismísimo instante lo acaban de elegir. Toda la convención de Cleveland en pie y bajo una fuerte aclamación. Él, desde Nueva York, en pantalla gigante, y con el flequillo rubio proclama su lema: "Vamos a hacer grande otra vez a América".

Nota:...Qué miedo me da esta oración.

No he podido evitarlo; mi pequeña y humilde memoria se abre a un gentilicio: los mexicanos.

### Los primeros

En una proyección fílmica en formato 8 mm, mi papá tiene cogida mi mano izquierda en plena calle del barrio. En la derecha, yo llevo un revolver de juguete. Desde el clásico boom boom, salen disparos continuos por la boca del arma. Un pequeño sombrero charro adorna mi cabeza. Sobre la piel de niño, una camisa blanca almidonada. Alrededor de mi cuello, una pañoleta roja. Dibujado con lápiz de cejas, un bigote discreto. Los pantalones, negros y bien apretados a las piernas. Mis zapatos, de punta y piel becerra. Es febrero. El Carnaval abre sus puertas. Soy Emiliano Zapata. ¡Viva la Revolución!

La infancia sigue. Los sábados en las sesiones del cine semanal del barrio proyectan films sobre la glorificación nacional española y cine de buenas costumbres morales – ...amén-. De tanto en tanto, programan westerns y películas cómicas. Allí está mi ídolo, Mario Moreno. Sí tuve el apodo de Cantinflas de niño entre mi pandilla porque siempre se me caían los pantalones como al actor de moda en aquel momento. El protagonista de La vuelta al mundo en ochenta días, El bombero atómico, El analfabeto o El barrendero. Al propiciador del tabique en la frontera, en estos instantes ya presidente, habría que recordarle que, cuando murió el actor en el año 1993...hasta el mismísimo Congreso de EE.UU. le dedicó un minuto de silencio al Charles Chaplin mexicano.

Mientras, en la televisión familiar, mi padre se enorgullece de ver a Pedro Armendáriz, Emilio Fernández "El Indio" y de Jorge Negrete con ¡Ay Jalisco no te rajes! Mi madre, en cambio, opta por María Félix con Doña Bárbara. Su perfil de mujer indomable, le recordará a mi mentor quién es su esposa. Como persona que vivió la Guerra Civil en España, mi abuelo me hablará de los exiliados republicanos que viajaron a este país bajo el amparo del presidente Lázaro Cárdenas. Españoles como Giner de los Ríos, Remedios Varo, el escritor Max Aub, el poeta León Felipe. Catalanes como el autor de Antaviana Pere Calders, Agustí Bartra, Pere Bosch. Y por supuesto, alguien singular de la tierra de Aragón que adoptó la nacionalidad mexicana y dio prestigio a este país con obras únicas como Los olvidados, Nazarín, Viridiana o El ángel exterminador, Luís Buñuel: "Soy ateo por la gracia de Dios". Sin duda, las "gracias" a México por este gesto fraternal de acogida a los huidos.

Pero un "garbanzo negro" que decimos en Catalunya para denotar una mala persona- también apareció en mi vida. Un religioso de Guanajuato: el padre Fresnadillo. Mientras disfrutábamos el campamento de verano en una localidad cercana a Barcelona en 1966, antes de ir a dormir y bajo el calor húmedo de agosto, este fraile sacaba su correa de cuero para golpearnos a latigazo limpio si hablábamos o hacíamos mofa de él. "¡Fresnadillo... Fresnadillo tócate el pirulillo!" le gritábamos a oscuras y bajo la voz anónima en un dormitorio donde pernoctábamos cien estudiantes de primaria en vacaciones él no contestaba: "¡Pendejos... me vais a oír y os aseguro que no me vais a olvidar!". Con respecto a este último verbo, tenía razón; hoy aparece en el artículo.

Durante mi época de estudiante de bachillerato, el profesor José Luís Forcano –le debo la habilidad natural de saber transmitirme lo sutil y distinto en el campo del arte- nos relata la importancia que tuvieron los grandes muralistas Diego Rivera, David Alfaro, Siqueiros, José Clemente Orozco y la propia Frida Kalho en la alfabetización socio-política del país. Posteriormente, los descubriría in situ en mis dos viajes hechos en el siglo XXI. Del primero, cito parte de un artículo mío del 2008:

**Semana Santa en México DF: cultura y pecados de una ciudad.**

Hubiera sido más coherente añadir "virtudes" al título. Habría sido un honor frente a la tentación del demonio en una época donde Jesucristo es crucificado por los deslices de la Humanidad. Pero también sería un martirio no decir que, hoy, la mayor virtud de México DF, es el patrimonio de su cultura milenaria y el colorido humano que muestra su gente en las calles, a pesar que algunos pequeños pecados, aún estén a flor de piel en la vida cotidiana de quienes la regentan y la habitan.

En el Zócalo, la plaza de la Constitución, la gente de todos los confines, desde Chihuahua a la península del Yucatán se aglomera en torno a sus edificios oficiales y la basílica. El Palacio Nacional, extiende su fachada de más de quinientos metros con una doble fila del público para poder visitar los frescos de Diego Rivera. En las paredes de una sobria escalinata y a través de una obra figurativa, se resume la historia del país hasta la fecha de su inicio, 1929. En este fresco conviven, desde Montezuma, Hernán Cortés, Marx, Trotsky o Rockefeller... hasta Frida y su hermana – amante también- Cristina Kahlo. En este hermoso patio de arcadas renacentistas, la bandera mexicana ondea en un torreón bajo la mirada atenta de los soldados que la custodian. Con mucha diligencia y un sol ya ataviado por la primavera, se invita al "pueblo azteca" a salir al exterior por los umbríos jardines...

**El México de Miami**

Se inicia en la universidad de FIU, cuando en Historia de la Literatura Latinoamericana resulta un grato encuentro leer a Juan Rulfo, Sor Juana Inés de la Cruz, Elena Poniatowska, Amado Nervo, o a Octavio Paz -lo vi por última vez en la Feria del Libro de Miami cuando llegué en 1996, junto a los cubanos Orlando Esteva y la periodista Olga Oconor. Sus versos en Piedra de Sol aún circulan en mí interior.

> Un sauce de cristal, un chopo de agua,
> un alto surtidor que el viento arquea,
> un árbol bien plantado mas danzante,
> un caminar de río que se curva,
> avanza, retrocede, da un rodeo
> y llega siempre:

Recuerdo también, la famosa "segunda persona" de la voz narrativa de Carlos Fuentes en La muerte de Artemio Cruz. O aquella nueva generación abierta de Juan Villoro, Volpi, y Octavio Paz

Guadalajara sería el destino en mi segundo vuelo. Allí se iba a presentar la primera edición de Nagari en la prestigiosa Feria del Libro junto a Alejandra Ferrazza y su marido; el resto del equipo no pudo acercarse. Sin embargo, no fue porque no se había impreso todavía en la fecha prevista. Y aprovechamos para que fuera La lírica del crápula, mi primer poemario bajo el sello de la editorial SETRA, quien acogiera tal evento en una sala del recinto. En la contigua, salía al paso sonriente y meditabundo en su rostro, el autor de La edad de las tinieblas, el gran poeta y ganador del Premio Cervantes 2009 José Emilio Pacheco. De su famoso libro Las batallas del desierto, elijo una cita que, alguien de la otra orilla, debería tener presente antes de implementar un parapeto de ladrillo con el país limítrofe:

"Pero no estaba arrepentido ni me sentía culpable: querer a alguien no es pecado, el amor está bien lo único demoníaco es el odio".

El día a día siguió en esta ciudad y en mis viajes. Conocí desde la reverencia el altar de los muertos en noviembre a partir del color, los aromas o los cuatro elementos de la naturaleza, el alcohol o las flores. O a diferenciar el mezcal que ingería Malcolm Lowry para escribir Bajo el Volcán, del ágave que escoge Don Julio Real o Gran Patrón de Burdeos para hacer el tequila. Aprendí lo culinario desde el tópico-típico de los tacos de franquicia, hasta los ingredientes que se usan para la elaboración de los moles o tamales. O simplemente, adentrarme en el conocimiento primario de la ingestión de insectos infames (chapulines) o vertebrados conocidos como la iguana o el tapir. Y con los aderezos picantes del chile o especies como el cilantro, decidí optar por la moderación. Observé la sana competencia culinaria entre estados, para hablar con especificidad de sus variantes poblana, oaxaqueña, michoacana... o jalisciense. Aunque para ser sinceros, solo distingo que la horchata de arroz es yucateca, el tequila sigue siendo El Cuervo aunque reposado, mis guacamoles de aguacate tipo Hass o los exquisitos "piedrazos" hechos con pan al horno, cebollas y verduras en escabeche, son de Oaxaca.

Lo cotidiano, me ha llevado en Miami a conocer y estimar gente de este país. Gente que se ubica en el mercadillo de Redland Market. Gente trabajadora de Homestead que labora en la cosecha y recolección de frutos y hortalizas.

Pintores de los grandes que se inspiran en Turner como Luís Kerch y que pasaron desde el azar por esta ciudad. Hasta en el mundo del teatro donde ejerzo la crítica. Gente hermosamente trabajadora y profesional como Yrelkah Brown, Francisco Porras, Memo Quintanilla, Arturo Morell, mi querida y adorada Karina Domínguez, o la maestra de maestras por su sabiduría y sencillez Adriana Barraza. Por no olvidarme en este campo, mi colega, hermano y mi güey Jorge Herrera-Monroy (miré al diccionario de "insultos mexicanos" antes de adjetivar la amistad que nos une, y el vocablo es permitido jajaja ).

**A modo de epílogo...**

Y para finalizar, este amigo sin el cual esta revista digital hoy no existiría - él fue su creador - por su trabajo y su dedicación total a nagarimagazine.com, Omar Villasana. A él y a su familia, del cual pude visitar su adorado barrio, Coyoacan, donde se ubica la prestigiosa UNAM y la casa de Frida y Diego en México DF.

A todos los que he olvidado y están presentes. A los hermanos Cuarón, a Guillermo Arriaga, a González Iñárritu, a Lubezki, Guillermo del Toro, Arturo Ripstein, Alfonso Arau... A toda la gente del mercado de San Juan de Dios en Guadalajara, espacio que me recuerda los orígenes donde nací. A todos ellos decirles que...

Yo estaré junto al río Bravo cuando se construya el muro. Yo trabajaré gratis y sin culpabilidad como obrero para detener a personas no deseadas. Para ser específico los de la tierra del Norte que vayan hacia la frontera Sur, para aprovecharse de sus habitantes. Sin duda. Desde la razón y el buen entendimiento, espero que solo sea uno al que le barre el paso hacia México

...el que tuvo la idea de crear una división entre dos pueblos de un mismo continente que están unidos bajo un mismo nombre: América. Esta última sí que es "grande" y va de Alaska a la Patagonia.

## Los venezolanos; perdón, los míos

01/11/2017

*A los venezolanos/as de Miami*

Corría la ciudad con la pobreza en las calles de los años 60 y el silencio impuesto por el régimen político. Mi padre, un sencillo negociante al por menor de frutas en un mercado de ventas, había nacido en un popular vecindario de Barcelona, el barrio de Sants. Allí tenía a sus amigos de calle e infancia. Entre ellos, "El Raga". Nunca supe su nombre y apellido exactos, pero así pedía ser llamado. Y así quedó su ralea. Con el sobrenombre de "el venezolano". La mofa que obtuvimos como púberes inquietos en nuestras conversaciones de niño con mi hermano Francisco, era justa. Este hombre pasó a llamarse para la posteridad: "El Rajá". Un simple cambio de consonante, lo ubicaba en otro lugar de su estirpe.

Este sujeto es el primer venezolano que no lo era ¿...?. Y que, como tal, conozco como si lo hubiese sido de toda la vida. ¿Por qué?. Este hombre emigró a Caracas, y fue un prestigioso empresario activo en el ilustre Casal Català de la ciudad. Cuando regresó a Catalunya; presten atención bajo qué ritual lo hizo.

Fue un verano del año 67. Un sol más cercano al infierno que al placer de vivirlo en la piel. Mi padre nos reunió en la

73

mesa del comedor y nos dijo en voz alta y en familia: "Hoy viene mi amigo el venezolano a comer a las 3pm. Portaros bien; y no hagáis el imbécil. Ha hecho mucho dinero allá y quiero causarle una buena impresión". Minutos después de evocar esta sentencia se oyó el rumor negro de una muchedumbre en la calle. Al momento justo, salí al balcón. Decenas de vecinos se habían apiñado en un automóvil extremadamente largo, ostentoso y rojo. A continuación, se abrió la puerta de un Cadillac De Ville y un hombre elegantemente vestido con una camisa azul levantó su mano hacia arriba y dijo: "Ja sòc aquí" ( ...ya llegué).

Era el susodicho. Aquel pobre infeliz que todo el mundo se reía al irse del barrio, se había embarcado en un buque de mercancías de la época hacia Sudamérica en busca de fortuna. Hoy, a su regresó, le estaba sirviendo coca-cola fría con ron a mi madre. Y un Jack Daniels on the rocks, desde su refrigerador incorporado en el interior de su auto, a mi padre. Junto a él, la primera venezolana de verdad que conocí en mi existencia. Su esposa. Era de Maracaibo y se llamaba María Gabriella. Unos veinte años más joven que él y sin llegar aún a los 19. Al punto que, como ser sexuado en aquella época... mi libido empezó a hacerse preguntas.

Tres calificativos se habían inscrito en mi inconsciente a partir de aquel momento. Un venezolano, quería decir: un hombre de dinero y con poder. Y una venezolana: una mujer extremadamente morena y bajo una belleza y un cuerpo de lujo. Nota. Pido perdón a mis amigos y amigas de corte feminista que aman la igualdad de género por la nominación de estos tópicos con respecto a la mujer. Lamentablemente, así los usaba yo como significantes en aquel periodo.

Durante mi juventud, tuve que entender las famosas guerras de Independencia de Sudamérica. Las razones y también las omisiones. Sin duda conocí a Simón Bolívar por aquella foto vestido con uniforme militar y hombrera que le honra como libertador y fundador de las repúblicas de La Gran Colombia y Bolivia. Como amante del arte estudié en la escuela Massana el movimiento cinético y la importancia de Rafael Soto o Carlos Cruz Díez en él. Nada me fascinó más, junto al movimiento pop de los 60, que esta opción que da a entender el juego psicodélico en mi tiempo de hippie y de comuna que viví. Un arte que me acompañó en las noches de blanco satén junto al hachís o la marihuana fresca venida del Putumayo.

Más tarde se combinarían, desde la confusión en mi interior, noticias de Carlos Andrés Pérez o el golpe de estado de Hugo Chávez con frases tan frívolas como ésta: "Deja a los políticos, seguro que la miss de este año será una caraqueña". Pero también entraba en la música del país escuchando las sugerencias sutiles de mi amigo Juan Francisco Hernández. Él me animó a oír con sus propuestas en You Tube, desde el sonido del arpa llanera, el joropo, o los Billos Caracas Boys mientras degustábamos arepas hechas por su mujer.

Al llegar a EE.UU el tópico, "lo venezolano", pasa al campo de la literatura. Rómulo Gallegos, con Doña Bárbara, entra en mí de la mano de Santiago Navarro en la universidad de FIU.

Un bongo remonta el Arauca bordeando las barrancas de la margen derecha. Dos bogas lo hacen avanzar mediante una lenta y penosa maniobra de galeotes. Insensibles al tórrido sol, los broncíneos cuerpos sudorosos, apenas cubiertos por unos mugrientos pantalones remangados a los muslos, alternativamente afincan en el limo del cauce largas palancas, cuyos cabos superiores sujetan contra los duros cojinetes de los robustos pectorales, y encorvados por el esfuerzo, le dan impulso a la embarcación, pasándosela bajo los pies de proa a popa, con pausados pasos laboriosos, como si marcharan por ella.

Gluups. Literatura pura y dura.

Un día, acabando de montar una exposición sobre artistas emergentes en MDC, conocí a Jorge Gutiérrez. Caraqueño, y antiguo curador de exposiciones plásticas en el college. Hombre afable y experto como ninguno del arte nacional

75

de su país o de la nuevos artistas contemporáneos de la ciudad. Me habló de Andrés Michelena, de Oswaldo Vigas... En aquella variada exposición estaba la fotógrafa Yeraldine Ordóñez, mujer incasable a la hora de poner en escena una ciudad, Coral Gables; y un paisaje natural, el de los Everglades. Caminando hacia mí, con sus dibujos de alas negras en la mano, Gloria MiládelaRoca. "Buenos día me gustaría que me dijera su opinión sobre mi obra...muchas gracias". Hoy, hasta compartimos pañuelos kleenex en algunas reuniones del Consejo Editorial de Nagari cuando la catarsis es necesaria; o bajo la influencia del merlot con Juan Carlos, su adorado marido, mientras recita versos como éste...

> hemos muerto en la noche del olvido
> escupiendo los dolores de un secreto
> extirpando nuestras vidas al desnudo

Se encuentran también aquella artista que inundó de color y forma el Fairchild Park, mi amiga Patricia Van Dalen y su hija la poeta Raquel.

> Envidio la libertad de las ratas de la calle
> la justa amargura de su apariencia

La cineasta Carla Forte (Tears) y su hermano el poeta y abogado Vicente personas que estuvieron en los inicios de El Proyecto Setra. En este grupo dos grandes amigos: uno que con una juventud y una fuerza que daba envidia, amó la Literatura por doquier y más, Roberto Savino. Autor del prólogo de mi libro "La lírica del crápula". Y por connivencia familiar, relacionado con mi Barcelona. El segundo fue, un limpiador de carros y amante de Baltasar Gracián y de la buena música cuando lo conocí. Polémico y provocador como el que escribe. Prestigioso psicoanalista hoy y, sobre todo, padre íntegro dedicado a su hijo y a su esposa: José Armando García. Ernesto Guigi, compañeros de estudios en el Máster de FIU, me incitó a leer 2666 de Bolaño. Intelectual y gran lector donde se encuentre, es un amante defensor de la cultura a raudales.

En el mundo del teatro, Venezuela ocupa un espacio privilegiado en mí. Gente como el director Carlos Salazar situando en escena a uno de los mejores dramaturgos contemporáneos de este país: el carismático Ibrahim Guerra con ¿Qué le pasó a Betty Davis? . La atrayente y poderosa actriz Adela Romero. Con sus exilios y registros emocionales en su haber, como en Cuéntame. La película dirigida magistralmente por su colega Eduardo Pardo. O una de las más consistentes empresarias hoy en el teatro independiente de Miami: Alexa Kuve. Promoviendo al Premio Pulitzer, el dramaturgo cubanoamericano Nilo Cruz entre otros con su empresa Arca Images.

Y por supuesto, uno de mis mitos como director y coreógrafo en esta ciudad cuando estuvo al frente del MTC (Miami Theater Center). Renovador e impenitente obrero escénico. Incansable por mostrarnos dos calificativos entre bastidores: calidad y riesgo. Un día, en su performance Duologando with a painting, un hombre se sentó frente a él para interrogarlo. Su sentido anarquista lo evocó con sus intervenciones en público. Le llaman El Príncipe Negro. Allí le manifiesta el significado del arte conceptual en su monólogo y le hace mención a la artista venezolana Marisol Escobar. Rolando Peña, así se llama el "aristócrata". Hoy amigo querido junto a su mujer Karla Gómez. Los tres, bajo el acopio del misterio y el cariño mutuo, nos comunicamos a través de las redes sociales como facebook. Cuando nos encontramos, los discursos son largos y desde la pasión en ambos lados y bajo el tono libertario que nos une.

En Coral Gables, desde hace más de un año, un espacio hizo su aparición como si de un milagro bíblico se tratara. Una pareja de enamorados el uno al otro, y de los frutos que dio Gutenberg con su invento... inauguran una librería. Su nombre Altamira. Sus nombres: Carlos A.Souki y Susana. Venezuela está en su corazón. Y la comunidad hispana de Miami...los lleva a ellos en el suyo.

Dos mujeres de esta tierra me quedan aún por citar.
Y por nombrarlas; no voy a descubrir sus apellidos. Una

llenó mi entelequia durante un tiempo de soledad y mucho desasosiego. Abrió mi corazón compartido desde el respeto y la libre unión como dos seres independientes. Y yo la ayudé a amarse más a sí misma. Y a inclinarse por otro que le amaba más que a mí. A través de la compañía que nos dimos juntos y desde una intimidad abierta y hermosa, también nos quisimos mutuamente.

La otra tiene el mismo opening que el primer párrafo de este artículo. Es venezolana. Sin embargo, no nació bajo el país de este gentilicio, sino que lo hizo en la misma ciudad en que yo me crié. Desde su posición sedente, esta mujer hoy escucha mi discurso como sujeto en un diván. Y yo le otorgo un conocimiento que ella no tiene...mi supuesto saber.

Para concluir. Sí puedo confirmar que, todas y todos los venezolanos que están aquí, confluyen en una causa que los une.

La razón es imperativa: porque no pueden ni estar ni habitar allá con los suyos; en aquella tierra donde Un bongo remonta el Arauca bordeando las barrancas de la margen derecha.

# 4  Desde la intimidad...

## El sexo; sí lo he dicho bien: el sexo

30/08/2013

"Niño no te toques la cosa. He dicho. Si te tocas las cosa, puedes tener malos pensamientos". Siempre me gustó este párrafo que nada por el infinito en denominaciones. Por cierto, las niñas no tienen "cosa" me decían mi madre. Sólo cuando oí el grito del feminismo en mi pubertad a los trece años, me enteré, sin lugar a dudas, que la mujeres tenían también "cosa". Otra cosa, por supuesto.

En el lavabo de la escuela había un graffiti que decía "El profesor Hernández es maricón". La primera vez en mi vida que leí este calificativo lo asocié a un hombre abominable que maltrataba a su antojo a niños, hombres y animales. Pero nunca a viejos, viejas o mujeres. (Lo siento no tengo respuesta del porqué, pero fue así). Ocaña, pintor, actor, e icono de los derechos de los homosexuales en Catalunya en los años 70 defendería esta palabra a viva voz en una manifestación: "Somos mariconas, sí ...¡Qué pasa!". A partir de aquí, he visto a hombres con hombres y mujeres con mujeres amarse y besarse con total naturalidad y lujuria en Barcelona, en el Lincoln Road de Miami Beach, o hasta en la catedral de Notre Dame, bajo el pórtico, cerca de las gárgolas donde se refugiaba Quasimodo.

En una reunión de bardos de Miami donde nadie se conocía, un hombre de aproximadamente unos 30 años se levantó espontáneamente y dijo en alto." Este poema está inspirado en un arrebato que tuvimos Yurisleidis y yo en el Woodland Par de la 8. Aquel cementerio que está frente al motel 77. ¿Saben a cuál me refiero…no?". Alguno de los versos hablaban por sí solos:

> me ofreció sus ubres
> bajo el frío de la lápida
> … no estaba mi apellido
> pero sí un epitafio que decía:
> entre mis jambas de ébano
> la muerte ha llegado blanca

Nadie se atrevió a aplaudir. Una mulata que versificaba bajo la inspiración de Nicolás Guillén se levantó irascible. En el corrillo de mi derecha se escuchaba: "seguro que es su mujer, sin duda, y le ha caído fatal la cita". Dos poetisas que acababan de conocerse añadieron: "Vaya, ésta fue su amante y le ha sentado pa la mierda que la colocaran en el camposanto". Ante un silencio de condena y con el bolso en su mano derecha a punto de largarse, la negrita dijo: "No es la metáfora lo que hace que me marche, sino el vocablo que aparece en el verso uno. Yo no soy un animal para que asocien mis senos a los pechos de una res. No le hubiera costado nada ir a la RAE a buscar otros sinónimos para mis hermosas mamas, en vez de colocar el sustantivo ubres. Muchas gracias." Al cerrar la puerta miré al individuo aludido con rencor y, con algo de culpabilidad hacia adentro, me dije a mí mismo: "¿Quién no se excita con un mujer así, que utiliza también el lenguaje y el genio en su vida? ".Hay aforismos que dan que pensar; cito sólo algunos :

El sexo es el consuelo cuando no nos alcanza el amor
**Gabriel García Márquez, Memoria de mis putas tristes, 2004.**

El sexo, es el consuelo de la miseria.
**Pier Paolo Pasolini, La religión de mi tiempo, 1961**

El sexo forma parte de la naturaleza. Y yo me llevo de maravilla con la naturaleza. **Marylin Monroe**

El sexo sin amor es una experiencia vacía, pero como experiencia vacía es una de las mejores. **Woody Allen**

La masturbación es el sexo con alguien a quien amas .
**Woody Allen**

Con respecto a las dos primeras frases denotar que tanto Márquez como Pasolini utilizan "consuelo". El primero para describir a aquel viejo loco que quería desvirgar a aquella prostituta jovencita que no podía amar. Y el segundo -que vivió profundamente la pobreza cuando se desplazó a Roma con su madre- para remarcar que no hace falta ir al supermercado para ser feliz cuando no hay dinero... Para esto está la carne propia y/o la de tu pareja virgen sin coste alguno. De Marylin sobran comentarios por la sencillez y honestidad a la hora de expresarse. Y con respecto a uno de lo comediógrafos más importantes de la historia del cine, Woody Allen, anotar su disparo directo al tema. Nadie ha ridiculizado y tratado con tanta alevosía, inteligencia e ironía el sexo, como él en sus películas.

Y para finalizar decir que el sexo no tiene límite (...que no es lo mismo que decir "límites"). En fin, que no se acaba como lo voy hacer yo con este párrafo. El sexooooo es el sexo y acaba en "o". Éste quizás sea un aforismo que pase a la historia por la circularidad de la letra y su significado. Bien, que tengan buen sexo hoy y que sea redondo como la vocal última de esta palabra.

## Mi primer motel. Una confesión erótica infantil.

01/09/2014

El primer beso que di en mi vida escolar fue a la puerta de un armario, en casa de mi prima. Yo tenía ocho añitos y ella casi diez. "Si quieres besarme...primero tienes que practicar aquí " me dijo con sus gafas verdes de culo de botella y una vanidad hermosa en sus gestos que atraía mis sentidos..." A mí no me besa nadie si no sabe cómo hacerlo" Después me acerqué a su pecado y, a la par, inauguramos nuestro inicial juego de médicos. Sin más bisturí que los deditos que la infancia permite, y con el olor aún a barniz que desprendía la madera, pensé que el mundo empezaba a dividirse entre lo prohibido y la lujuria.

Todo sucedía en una cabaña improvisada, construida a base de plásticos y cañas de río, en una habitación donde, teóricamente, estaba destinada a la criada. (La criada no estaba). Al fondo del dormitorio había una galería pequeña donde se tendía la ropa. Allí desprendíamos los copos del jabón de lavar Omo y nos lo pasábamos de mano en mano para absorber mejor su aroma y desmenuzar como juego su cera entre las uñas. La ropa limpia recién salida de la lavadora era el perfume para inaugurar al final nuestras fantasías de ternura. Y la ropa sucia de toda la familia que se amontonaba en el suelo, la utilizábamos como colchón improvisado para nuestro primer desliz: la lencería de la abuela, los pantis negros extremadamente agigantados de

83

mi tía, los delantales repletos de sangre fresca y vísceras de pescado que mi tío Manu usaba para vender en la plaza de la Boquería de Barcelona, o las medias de costura carmelita que servían para cubrir las piernas perfectas de mi otra prima Isabel. Aquellas libras y libras de ropa nos servían de atmósfera para hacernos preguntas como ésta: "¿Por qué los grandes utilizan tantas cosas para taparse la tita y la figa?" Mientras, investigábamos las forma cónica o labial de nuestros órganos reproductores, regresaba la pregunta freudiana que aún marca nuestra vidas. ¿Por qué tú tienes eso y yo no? La angustia por ser pillados por nuestros padres era otra de las sensaciones mixtas de placer y culpa que gobernaban nuestras vidas.

Esta pasada Navidad, en la cocina de mi prima Flora, desmenuzábamos un hermoso pollo horneado con ciruelas pasas y piñones. Al yo hincar demasiado el tenedor de servir en la pechuga de la bestia, salpicose el jugoso caldo interior del ave, y manchó sin piedad un lindo delantal blanco con flores rojas y verdes que mi prima iba a utilizar para servir el fastuoso y agraciado ágape en la mesa. "Hazme un favor...desabróchame el delantal y ponlo en la lavadora". De repente, me coloque detrás de su figura, y deshice el nudo que tensaba su vientre y su pecho. "Ahora abre la puerta de la galería y déjalo por ahí, que yo lo lavo después".

Ejecutado su mandato sin cuestionarla: la miré. Y mientras se chupaba las yemas de sus dedos con la salsa del guisado navideño me dijo: "Ni se te ocurra. Con los calzoncillos sucios de mi marido en la canasta... esto sería un fracaso seguro". Yo, a mi edad, me limité a sonreírle plácidamente, y me senté a conversar con la familia sobre el sexo de los ángeles.

## Una historia; el drama de no entender

01/06/2015

Pues bien, en el verano lluvioso de 1979, en plena transición política española, Adelaida, mi compañera sentimental del momento, me dijo que fuera a recoger de la estación a Lourdes Texeira su íntima amiga de Vivero, la población gallega donde compartieron juntas sus despropósitos y sus secretos juveniles.

Llegados a casa, Lourdes, humildemente enternecida por estar en Barcelona y verse frente a frente ante mi mujer, le dio un regalo. Era una caja de madera noble parecida a las que se guarda el chocolate de buena calidad. La envolvía un lazo formado por unas medias de seda negra. Al observar el presente, las dos se miraron el rostro. Una se rio y la otra...

Pasaron los días y Adelaida tuvo que viajar urgentemente a Mallorca. Era época de vacaciones; mi descanso escolar. En cambio, un sinfín de trabajo para ella, como representante comercial, le obligó a desplazarse aquél mismo fin de semana a las islas.

– Acaba el café y llévame a ver tu mar –me dijo Lourdes mientras desayunábamos.
– Pero qué dices – le contesté
– Cojamos el tren de vuelta ahora mismo y marchémonos

por el Mediterráneo. Amo el desorden que se respira en tu territorio…la libertad, lo distinto.
– ¿Y qué va a pensar Adelaida….?
– Parece mentira que no la conozcas.

Mi mujer hablaba de ella como la persona que hubiera querido ser. Una admiración en la distancia que siempre percibí. Tenía una figura humanamente deliciosa, unos rasgos celtas precisos, y el gran valor de la duda. Un punto que admiraba en ella, por la cantidad de cuestiones que se planteaba. Sin embargo, la seguridad en sí misma que presumía mi esposa, era un lastre en sus propósitos. ¿Qué contradicción no?

–Su incertidumbre ha atraído a innumerables decenas de hombres positivos hacia ella, Eduard. Nunca le faltaron pretendientes que se dejaran la piel a su lado. Siempre ha tenido atención y obsequios allá donde estuviese…me dijo un día desde la ternura que da el despertar, abrazados en la cama un domingo.

Lourdes era psicóloga, caprichosa y le gustaban a morir los bombones de chocolate negro rellenos de aguardiente. En fin, Lourdes y yo iniciamos una huida pactada por el país que tanto le había hablado Adelaida. Mi país.

Durante el viaje en tren, apoyó la cabeza y permaneció en silencio la mayoría del tiempo. A veces besaba el vidrio como una inválida. Otras, saludaba como una niña a los transeúntes de los pueblos. En ocasiones, me miró varias veces, con algo de sorna, y después, volvía a su posición contemplativa frente al paisaje. Los pinares que cubrían la montaña fueron un juguete feliz durante el trayecto. Un preámbulo. De repente, me cogió la mano y nos bajamos del tren.

– Qué haces…pero déjame.
– No tengas miedo Eduard, yo sé lo que me hago
– Yo creía que tú…

– Que no sepa qué hacer la mayoría de las veces...no quiere decir que no sé lo que yo quiero ahora.

En la habitación de un hotel de Malgrat de Mar, desnuda y llena de luz del atardecer, recogió su pelo largo y rubio en una coleta y me indicó con parsimonia que le trajera el bolso grande de paja donde llevaba sus atuendos y otros menesteres.

– No, el pañuelo no...dame la caja.
– ¿Pero esto no era para Adelaida?. No entendí porque ella ....sonrió cuando le diste el regalo y tu no lo hiciste
– Esto no es chocolate Eduard. Ábrelo
– No me has contestado

Envuelto en unas bragas del mismo color que las medias que cerraban aquel pequeño cofre de nogal, se escondía una daga en forma de media luna. Nada que ver con la tradición mora, sino con una herramienta que utilizaban sus padres; ambos pescadores de atún en la costa del Atlántico

– ¿Porqué sonríes? No te lo esperabas ¿verdad?

Lejos del brillo, en el anverso, había unas gotitas de sangre; si bien no totalmente, sí muy cercanas a un corazón rojizo liqueando por la punta.

– Ahora Adelaida es mía ¿no?... eso quiere decir que ya no te pertenece
– Así es...
– Bien...entonces vístete...y no perdamos más el tiempo
– No cariño....Siéntate a mi lado
– ¡Vámonos Lourdes!
– Tranquilo Eduard... Ven aquí...la venganza siempre es fría y blanca mi amor.

Le señalé los besos en el cuello y en sus muslos como si fueran estampas, y con delicadeza le fui recitando versos en el ano y en su pubis. Lourdes se preparaba como una hiena antes de desmenuzar a su víctima.

– ¡Ahora mátame….venga mátame bien adentro! -me dijo

...Y ante aquella culpabilidad por el acto; así lo hice.

El cuchillo seguía en la caja. Sus bragas recogidas en mi mano derecha tenía un hedor antiguo. Y sus medias negras, semi-rotas y apretujadas en la piel, permanecieron igual que aquel último día con su amiga Adelaida en su tierra.

El coito se consumó.

– Un juramento de amor entre dos mujeres – me dijo- tiene sus fetiches ¿No te parece?
– Yo pensaban que no se compartían- le contesté.
– Tú eres uno de ellos
– ¿Y dónde está mi sangre?
– Hay quién mata con el color blanco de su esperma...y no necesita las huellas del rojo sanguíneo.

# Play Boy ¿ser o no ser?

01/11/2015

En 1953 no había nacido aun. Y en 1967 ya era hombre con doce años. Es decir en 1953 nacería Play Boy y en 1967, hurgando en el armario ocre de la habitación de mi padre, aparece un magazine que iniciaría un cambio en mi vida. En portada, una pin-up francesa en papel rugoso en blanco y negro. Sus ubres al aire libre. Palmeras, cocoteros y una piscina azul pintada a su alrededor. Sus manos en la cintura, su pubis difuminado; como si una goma de borrar hubiera recorrido la entrepierna de aquella vedette. Era lógico; no era la revista Play Boy. Aquella revista se llamaba París/Hollywood.

En la época de la dictadura española era común, lo común. Y mi padre salía de lo oficial para disfrazar su hipocresía. Algo peligroso en aquella época donde lo común era lo oficial. Le hubieran podido caer por aquel ejemplar, ya desgastado y sucio en su uso, tres años de cárcel. Él lo escondía sigilosamente entre las toallas de baño limpias del armario del dormitorio. Y para no inducir a sospecha ni mancharlo, yo se lo sustraía a escondidas con los guantes de vestir de mi madre.

Padre e hijo, seguíamos haciéndonos "hombres" al unísono con aquellas ilustraciones porno. Padre e hijo, conscientes de aquel secreto común, creímos que, tanto el silencio entre nosotros como aquellas imágenes de la mujer en aquellas páginas, nos eran útiles a ambos para nuestro crecimiento. Él, en dirección hacia la senectud...y yo hacia mi primavera abierta y polimorfa que la década de los 70 nos permitía. Pasaron un par de años y un día llegué a encontrar más revistas que toallas en el closet. El idioma había cambiado. Estaban escritas en la lengua de Brigitte Bardot. Se llamaban Lui y Penthouse.

**Playboy**

1969, fue un año muy sexual por otra parte. No por el final de la decena en el número devorando el seis al nueve y viceversa, sino por la resaca en vivo de la revuelta cultural del mayo del 68 en París. Con un valor en alza en aquel momento: el desarrollo del amor libre como herencia del movimiento hippie. Mi profesor de literatura en el instituto, Antonio Rovira, me introdujo en la llamada nueva literatura americana. Pues bien, allí, semi a escondidas -el colegio pertenecía a los Hermanos Maristas- oí por primera vez la voz de Jack Kerouac, Ginsberg, los dos Miller, el autor teatral y el narrador sátiro de Trópico de Cáncer, Bukowski, Tennessee Williams ...o la novela A sangre fría de Truman Capote.

Faltaba uno, entre otros por supuesto: Vladimir Nabokov ¿Quién era este ser, considerado ardid como autor de una de las novelas más polémicas e importantes, literariamente hablando, de la narrativa norteamericana? La obsesión por el sexo de Hugh Hefner, propietario de la revista, permitió que, en una edición del mes de enero de 1964 de Play Boy yo tuviera por primera vez en las manos, no solo a la playmate Nancy Scott vestida en portada, sino que supiera que una novela tabú en la España de la época llamada Lolita la tuviese mi madre –...repito mi madre- en la mesita de noche de su habitación, gracias a una entrevista del escritor y futurólogo americano Alvin Toffler. Recuerdo las palabras de mi mamá "Esta no es una novela erótica, sino el relato del sufrimiento de un hombre que no ha crecido como adulto y se enamora de una adolescente".

Mi primer Play Boy, a pesar que tenía cinco años de retraso la tirada, había acometido una doble función: la que corresponde a una revista carnal y la que descubrí por mí mismo sobre los personajes del mundo erudito de la época que aparecían en ella y que posteriormente han dado voz y cierto prestigio a esta publicación: Gabriel García Márquez, Isaac B. Singer, Jorge Luis Borges, Alberto Moravia, Chuck Palahniuk, Lawrence Durrell, Haruki Murakami, John Updike, Roberto Bolaños, Kurt Vonnegut....

A mediados del mes pasado, anunciaron que la revista va a evitar los desnudos integrales y obscenos en sus páginas. ¿Una decisión moral? No: una medida en busca de nuevos mercados y recuperación económica importantes. De siete millones en la década de los 70, pasaron a ochocientos mil ejemplares impresos ahora.

Me imagino que la estupidez de "las conejitas", "las playmates" y los calendarios, se acabará. Aunque pienso que, tanto Margaret Atwood que publicó el relato The Age of Bottleneck en 2008, como otras figuras útiles del ámbito académico que den honor a otros géneros o campos ligados a la creación literaria, el arte, el cine, o la moda, seguirán en la brecha de esta publicación, hoy ya histórica, que nació en 1953, durante la dinastía del baby boom, y con una portada de Marilyn Monroe en el primer número.

A pesar de todo, lo que más me duele desde el punto de vista generacional en este país que compartimos, es que algún adolescente americano, hoy, en vez de encontrarse una revista erótica en el armario del dormitorio de su padre, pueda aparecer escondida la textura del metal y el uso desconocido de una Smith & Wesson calibre 22.

Qué pena.

Con lo bonita que era aquella temida masturbación que te afirmaba como hombre iniciado, mientras contemplabas aquellas hermosas mujeres "dispuestas solo para ti en la fantasía" sabiendo que, al finalizar tu "tarea unipersonal" y después de un pequeño descanso con suspiro incluido, podrías pasar página y leer una interesante entrevista a Miles Davies, Timothy Lery, M.Luther King Jr, Steve Jobs o Di Carpio.

Ser, o no ser, esta es la cuestión. ¿Qué es más noble para el alma
sufrir los golpes y las flechas de la injusta fortuna o tomar las
armas contra un mar de adversidades y oponiéndose a ella,
encontrar el fin? Morir, dormir... nada más.

**Hamlet**

Creo que llegó la hora de la retirada de Play Boy, por mucho que nos supiera seducir a los que hoy llevamos la andropausia/menopausia con honor y discreción. Por cierto, incontables mujeres de derechas o de izquierdas, feministas o amas de casa de la clase media de todo el mundo ...la leían también.

## El erotismo antes de las 50 sombras de Grey

01/03/2015

*Y la sumisa no podrá ...mientras todo lo que le diga el amo será.*

Es evidente que los juegos de cama dan para que, a día de hoy, una pareja pueda disfrutar de sus fantasías tal como lo acuerden. La información sexual de los últimos tiempos y su proyección en la vida de los individuos, si la comparamos con la que fue durante mi época, años 70, es evidente que ha evolucionado o, como mínimo, han existido las bases para desarrollarla con fluidez y entendimiento dentro de una relación. Era impensable en la España de la dictadura - desconozco el tema en Latinoamérica- que nada que no fuera la posición libidinal del misionero fuese considerado "normal" en la sexualidad.

Sin especificar, diré que, según aquellas teorías de antaño, hoy mis manos y mis valores estarían quemados al abusar de mis tocamientos en la adolescencia. O simplemente, no podría escribir este artículo porque, según el uso indebido que hacías de tu cuerpo con pensamientos concupiscentes, éstos, hubieran perjudicado seriamente mi memoria.
Hacia mediados de los años setenta, las cosas empezaron a cambiar y vino una etapa crítica llamada la Transición. Este periodo produjo un prodigio social relacionado con el sexo que en la Península Ibérica se le llamó el "destape". Un sinfín de films de la serie B sin argumento sólido ni acuoso en sus planteamientos afloraron de repente en las salas. En

el quiosco abundaban Play Boy, Penthouse, Lui o la propia Hustler. Si querías gozar del buen cine independiente sobre el tema, a unos cuantos kilómetros de la frontera con Francia, se encontraba una ciudad llamada Perpinyà. Lugar y refugio de los cinéfilos para disfrutar del buen cine erótico en aquella década. Enumeraré unas cuantas para que el lector más joven se oriente con los títulos, y el que roce mi edad o la supere, se deleite con el recuerdo.

- **El imperio de los sentidos** de Nagisha Osima. 1976 El sexo placentero hasta la muerte. Un festín para los sentidos no solamente eróticos sino cinematográficos.
- **El último tango en París** de Bernardo Bertolucci 1972. Un viudo (Marlon Brando) se enloquece con una mujer joven (María Schneider) en un piso de París.
- **Emmanuelle** 1974 Just Jaeckin. Una mujer (Sylvia Kristel) viaja a Asia y allí conoce su verdadero placer inagotable y obsesivo.
- **Calígula** de Tinto Brass 1979 . El sexo en la Roma libidinosa de la época.
- **El Portero de noche** de Liliana Cavani. 1973.Un film que narra la historia de una linda mujer,Charlotte Rampling, víctima del nazismo y su torturador.
- **Fuego en el cuerpo** de Lawrence Kasdan 1981 con una bellísima, arrolladora y vengativa Kathleen Turner. Una película donde el calor, la noche y la líbido van unidos.
- **Nueve semanas y media**. El director, Adrian Lyne (1986) Una galerista (Kim Basinger) se enamora perdidamente de un bróker de Wall Street (Mickey Rourke) llegando juntos hasta el desenfreno sexual. Antológico fue, el striptease de ella junto a una canción del desaparecido Joe Cocker.
- **La insoportable levedad del ser** de Philip Kaufman basada en la novela de Milan Kundera donde Lena Olin vestida con bombín y lencería negra hace un número inolvidable frente a un espejo en el suelo.
- **Lunas de Hiel de Polanski** 1992. Una verdadera amantis religiosa de hombres (Emmanuelle Seigner) llega a devorar quien delante se presente

- **Instinto Básico** de Paul Verhoeven. 1992 Con el debut de Sharon Stone como mito erótico de los noventa, junto al enfermizo policía Michael Douglas.
- **Y tu mamá también del mexicano** Alfonso Cuarón 2001. Un historia romántica donde el erotismo a tres, llega a su máximo con una espectacular Maribel Verdú.

Es cierto que hay más y últimamente podríamos citar a Shame, Killing me softly, Ken Park, 9 songs, Eyes wide shut e incluso mi favorita **La vida de Adèle** 2013 del año pasado etc.

Todo esto, para decir que el erotismo de 50 sombras de Grey, si bien no es de mi gusto cinematográfico por su liviandad, falta de tensión en la trama y con diálogos vacíos de contenido. Si voy a reconocer que, para cierto público joven y adulto de mediana edad, marca sin lugar a dudas un antes y un después. Lo mismo que hiciera para nosotros la sodomización en El último tango en París o el voyerismo en 9 semanas y media. No voy a negar que, a la hora de querer mostrar y ofrecerte lo prohibido a partir de las prácticas sadomasoquistas de los mismos intérpretes no encienda las luces rojas del deseo. O cuando se utiliza la sutil pátina del enamoramiento -éste es para mí el gran secreto erótico de este film- bajo estas prácticas, no crea "enganche" que decimos en Barcelona. Apuntar también que no son las esposas que engarzan sus manos, ni en el propio desnudo de Dakota Johnson en aquella habitación de torturas lo que incinera las pasión...sino el poder.

Por cierto una pregunta ¿Alguien se ha cuestionado porqué fonéticamente en inglés el apellido Grey suena a "gris"?

# 5  Nombre por nombre

# Felipe VI rey de España... ¿y qué? 1

30/06/2014

Inauguré mi columna periodística Bajo la luz de mi lámpara de Ikea hace un año planteándome lo siguiente

**"¿Para qué sirven las monarquías?**

Las monarquías sirven para que tus hijos puedan dormir tranquilos mientras les lees en voz baja la leyenda de El rey Arturo y los Caballeros de la Tabla Redonda. Para que los estadounidenses podamos comprar entradas a buen precio en el Magic Kingdom de Orlando y vivir junto a Cenicienta una aventura posible. O seguir proclamando a viva voz que la princesa Grace Kelly fue la primera aristócrata de origen yanqui en Europa"

Pues bien el jueves 19 de junio de este año fue proclamado –ojo para nada coronado; esta joya se encontraba frente a su figura- Felipe de Borbón, como Felipe VI. Y se hizo reina consorte: Letizia (sí, con "z" viene del idioma italiano) Ortiz Rocasolano. Hasta aquí toda la solemnidad y protocolo del anuncio es correcto. Pero ¿quién es él y quién es ella?

Letizia fue -es- una sagaz y erudita periodista, devenida hoy reina consorte. Vivió su profesión anterior bajo el riesgo y la aventura -incluyendo de esta última sus amoríos libres por México. Por supuesto, totalmente lícitos; faltaría más- en el campo de la comunicación audiovisual. Un día el Príncipe de Asturias, que religiosamente escuchaba todos los telenoticias al mediodía, la llamó a la puerta. Cuando la vio retransmitiendo desde la mezquita de Bagdad, cogió su zapato de cristal que tenía en la mano desde hacía tiempo, y se hizo una serie de preguntas parecida a la letra del cantante de rock catalán: Loquillo

> ¿Qué hace una chica como tú
> en un sitio como este?
> ¿Qué clase de aventura
> has venido a buscar?
> Los años te delatan, nena,
> estás fuera de sitio.
> Vas de caza,
> ¿a quién vas a atrapar?

Pues bien, se dejó seducir por los cantos de la voz de sirena y, aquella aspirada y hermosa nariz conquistó su corazón (no sé sabe quién a quién dio el primer paso). Confirmo, que yo la vi en un reportaje echándole animadamente la bronca a su querido, como buena asturiana. Y aclaro que es un persona que me cae muy bien. Estaría conversando con ella en cualquier terraza de Madrid con un gin tonic en la mano sobre política internacional o averiguando cómo vivió el miedo escénico, minutos antes de entrar en antena su programa de noticias (...que por cierto fue el que mayor audiencia tuvo en su momento en TVE1).

Felipe VI, que oficialmente se hace llamar Felipe Juan Pablo Alfonso de Todos los Santos de Borbón y reino de Grecia, fue bautizado por Monseñor Casimiro Morcillo, Arzobispo de Madrid en el Palacio de la Zarzuela. Se formó primero bajo el palio militar de su padre en plena dictadura de Franco hasta los siete años. En este momento es el capitán General de los Tres Ejércitos y la verdad no creo que vaya a sacar los tanques cuando Catalunya decida soberanamente su futuro. Y aclaro que, no sólo es rey de España sino también de Jerusalén en Israel, de Sicilia y Nápoles en Italia, del peñón de Gibraltar bajo mando inglés, de la isla de Cerdeña. Y también duque francés de Borgoña que no quiere decir que reciba el beaujolais gratis de distinguido

François Hollande cada septiembre desde la bodega Poully-Fuissé.

El recién nombrado, tuvo el privilegio de hacer el master en nuestro país, EE.UU. sobre Relaciones Internacionales en la universidad de Georgetown en Washington. Y si bien no jugaría a squash con él porque no me gusta ni un ápice, si que me animaría a dar una vueltecita con su barquito de vela por Key Biscayne. Fue uno de los primeros navegantes olímpicos en su momento que ganó un competición en la Barcelona de 1992.

No me puede caer mal, simplemente, porque no me ha hecho absolutamente nada este hombretón, guapete y mesurado en el habla, que hace siempre lo posible y lo ordenado por la Casa Real. A lo sumo, prevenir que si me cayera encima en el sentido literal de la frase, estos dos metros de altura, junto a sus más de 300 libras de peso, definitivamente me matarían de un golpe.

Pues bien...ahora en pleno siglo XXI la pregunta del millón para todos los ciudadanos que viven en el Estado Español

**¿y qué?** 1

Lo siento se acabó el artículo. **¡Viva la República!** 2

1 **¿y qué?** loc. Expresión que denota que lo dicho o hecho por otro no interesa o no importa: ¿y qué, que me llame?, no pienso ir.(esta frase última es la que pone el diccionario como ejemplo de comprensión al lector, ustedes deciden si la utilizan para su respuesta).
2 **república**. (Del lat. republĭca).f. Organización del Estado cuya máxima autoridad es elegida por los ciudadanos o por el Parlamento para un período determinado.

# Voy a hablar, literariamente...de un estúpido

01/09/2015

*Al pueblo de México y a los hombres y mujeres que, cruzando ilegalmente la frontera, se han establecido como un ciudadano más en EE.UU. A estos 11 millones de personas.*

Y lo voy a hacer desde mi perspectiva de payaso -igual que él- abandonado a su suerte frente a un escritorio. Desde la óptica del hombre soez. Los términos intentarán ser mediocres. Mi pluma digital más ligada a la divulgación de hechos banales que a lo importante. Es la mejor manera de equiparar su literatura desde la ofensa y la ironía. Es como sentirse parte de un público de su misma condición que escucha sus discursos y le vitorea allí donde acude. Ambas cabezas, la mía y la suya, están ahora protegidas por una gorra de béisbol roja con su lema frontal que dice: Make America great again. Yo lo he escrito con esta intención.

El primer recuerdo que tengo de este sujeto es una foto del New York Times hace ahora cerca de veinticinco años aproximadamente. Aparecía como un exitoso realtor nacido en Queens ido a menos en su negocio familiar. Los bancos incluso llegaban a regular sus depósitos si quería continuar con sus empresas inmobiliarias opulentas. Estaba en completa bancarrota. Al poco tiempo se casaría con una checoeslovaca que, inteligentemente, nunca se ha quitado el apellido marital -traducido a nuestra lengua significa "triunfo"- para seguir la misma estela de supuestos logros.

Tuvieron una hija. Le pusieron un nombre que en hebreo significa "Dios es misericordioso". Después se divorciaron. Hoy se relacionan muy bien como contrincantes separados. Igual que los buenos empresarios que se odian a muerte en privado para mantener su estatus. Su sonrisa siempre es de nieve ártica y el color de su cabellera, es el oro. Sus brazos a menudo abiertos a la pasión de lo insulso y el laurel. Ya sea para abrazar a Miss. Universo al colocarle la banda, para promocionar un negocio de golf en Palm Beach, o de pronto inaugurar una tower bajo su nombre en Panamá.

El susodicho ama los cañones de vidrio electrónico. Su imagen es absorbida por millones de pixels a través de las cámaras para ser expuesta en la televisión. Lo hizo, y muy bien, investido de Calígula en The Apprentice, en la NBC, para decirle a los jóvenes que desean ser sus discípulos que, ser hijodeputa, es imprescindible para tener éxito en la vida. Por eso como autor de varios libros sobre negocios, hay uno de 2007 que le honra Think Big and Kick Ass in Business and Life que en español, después de la traducción literal, tiene un elegante y prestigioso título: Piensa grande y patea traseros en los negocios y en la vida. Un libro que recomiendo sin lugar a dudas hacer una lectura, para llegar a ser presidente de EE.UU junto a Time to Get Tough: Making America Number.1.

Un hombre cabal que respeta a las mujeres sin distinción ofreciendo lo mejor de sus palabras. Sobre todo cuando en una contienda con la presentadora Rossie O'Donnell, le dijo en su propias narices "La demandaré porque puede ser divertido. Me gustará sacarle algo de dinero del bolsillo de su gordo culo". Y un excelente caballero medieval al contestar en una entrevista del Norwegian talk show en 2003, esta frase tan tierna como igualitaria para el género femenino: "Amo las mujeres bonitas, y ellas me aman a mí. Tiene que ser en ambos sentidos" . O sin ir más lejos, en un debate el otro día con sus contrincantes republicanos, a petición de la periodista Megy Kelly de la cadena Fox (que cumplió su deber inquisitorio como buena profesional) no dudó en calificar el tono de sus preguntas como la de una mujer que le brotaba sangre de los ojos y le brotaba sangre de cualquier parte, refiriéndose al periodo menstrual de la presentadora. O no tener ningún problema para aceptar preguntas sobre la inmigración en una rueda de prensa y contestarle a Jorge Ramos con un simple "Sit down sir...sit down"

Un hombre hecho a sí mismo, sin duda, que no tendrá ningún reparo en ponerse en su cabeza el casco de obrero de la construcción y remangarse los puños de su camisa blanca e impoluta para que, ladrillo a ladrillo y bordeando el margen del río Bravo, edificar un muro a cargo del bolsillo de Peña Nieto. Esto permitirá que estos "ilegales no traigan más droga, crimen, ni violen" a nuestras mujeres americanas. Aunque asuma que "hay algunos que son buenos".

Pues bien, quiero agradecer al aludido tres cosas:

Una. Estas magníficas declaraciones públicas que sostienen esta columna herculiana, hoy más que nunca, bajo la luz de mi lámpara de Ikea a las doce de la medianoche. Dos. Que me haya concedido el derecho, público y compartido por él mismo ante las cámaras, de hablar politically incorrect sobre su amable persona. Y tres. Que debido a la Energía del Universo, haya sido yo suficiente estúpido como él para no citar su apellido en ningún momento (1).

(1) Este escrito no pretende ser político, sino defender los derechos humanos. Mi máximo respeto para los candidatos honestos que se postulan en este país, se ubiquen en el bando republicano o demócrata. Solo les pido que sean inteligentes para no hablar "literariamente" sobre los que no lo son. Nagari mantiene, como siempre, su neutralidad al respecto y el amor por la cultura en pos del entendimiento entre los pueblos.

# Cristina

01/05/2016

Estaba unida a ella en lo más nimio y puro. Desde la piel misma que sentía cuando acariciaba sus manos llenas de vida, hasta su forma firme y directa en sus gestos cuando me daba órdenes. Bastaba una vaso corto de tequila Don Julio para iniciar un diálogo. Y a veces, hasta un marlboro que compartimos - ...como aquél que peca a dúo - para discrepar con la medicina oficial.

Esta mujer, Cristina Barrios -antigua cónsul de España en Miami- era un ser desnudo y de cuerpo blanco. De ropaje discreto y finamente elegante. Grave en el tono y en su forma de amar a quien tuviese en frente (Sí... las cónsules también aman).

Libre de sospechas y sagaz en sus pretensiones. Lince. Risueña. Observadora culta de sujetos ávidos y prohombres. Feminista discreta sin ocultarlo. Amante voraz del arte y la literatura abierta. Tal como le había enseñado su madre en Donosti: un ser libre, respetuoso y respetado. Para la alta alcurnia política o empresarial que la rodeaba: un auténtico ícono. Así como para sus amistades de a pie o, por el que sucintamente, escribe este artículo.

En nuestros pocos encuentros, siempre rodábamos short-films en la intimidad. Películas sobre sus estancias en Madrid, México, París, La Habana, Letonia, Dusseldorf,

Estocolmo. Historias a veces inverosímiles y otras hablando simplemente de sus ancestros. Tanto de la figura de los hermanos Machado que su abuelo conoció, como la del propio Lorca que estuvo presente en sus familiares cercanos. Hubo un diálogo, también, con esta hermosa fotografía que conservaba con Gabo (García Márquez) en su estantería y de sus distintas obras de arte que adornaban su casa.

Un día se obsesionó con una pieza del cubano José Bedia en el salón comedor. Otra me preguntaba por "Los hombres negros" del artista Joaquín González .Por cierto, mi último regalo antes de despedirse de este mundo, fue una pequeña obra de este pintor y una edición de la revista Nagari dedicada a México. Otro día conversábamos del fotógrafo José. A Figueroa y su manera particular de retratar la vida cotidiana de Cuba. O incluso de García Alix y el Madrid de la movida. De la entereza de Poniatowska o los sueños demiurgos de Leonora Carrington.

**La casa de todos**

En las paredes blancas de su elegante comedor... colgaba una inmensa fotografía del malecón de La Habana de Silvia Martínez (Kuti) cercano al techo y a la vitrina. Otras, de la liviandad cromática de Zöbel, Gerardo Rueda, o el grupo de Cuenca. Por hacer, hasta se animó a montar una galería en Wynwood junto a su queridísimo sobrino, el artista Ignacio Barrios y su amigo Julián Linares.

En otros momentos, recordamos Los versos del capitán de Neruda. El cine de Truffaut o el del propio Berlanga. Una tarde me presenta a su admirado artista Javier Velasco y hablamos de sus arterias rojas y pulcras de sus piezas hundidas en líquido. De la música antigua, que interpretaba el catalán Jordi Savall en el Miami Beach Community Church. O un detalle tan cotidiano como único: me "introdujo" (spanglish que ya compartíamos juntos sin culpa) a la cantante Lolita para conversar sobre el origen gitano de su padre el Pescaílla -marido de la Lola Flores-

mientras el gin-tonic se desvanecía y recordábamos el ambiente de aquella Barcelona en el famoso carrer de la Cera del barrio de San Antoni.

Una vez, me mostró habitación por habitación su hogar: "Mira, ésta es mi cama ...aquí duermo yo ¿qué te parece?". Recorrimos los vericuetos escondidos de aquella mansión donde el patio daba al campo de golf del hotel Biltmore. Mantuvimos impoluto el espejo limpio que la piscina muestra al atardecer y contemplamos su pequeña bodega de tintos nobles e ilustres. Su biblioteca y su salón privado.

Allí me dijo un día: "Eduard Las chicas (las artistas plásticas Kuti, Natalia Reparaz, Anna Balboa, Ana Ochoa, Rocío Granados...) les gustaría que les organizaras una exposición como curador sobre sus obras en la feria de Arte Américas ¿...qué te parece?".

Mientras saboreaba un rioja tupido y oscuro en su sofá de bienvenida, le dije : "Solo te pongo una condición: que se llame Welcome to 3500 Granada Boulevard. La casa de todos. Y que sea este salón de audiencias la imagen pública que ofrecemos al mundo. Tu espacio privado, es decir, tu espacio público." Y así fue el pabellón que representó al Estado Español en aquel evento. Una copia casi exacta del salón de bienvenida de la embajada consular.

Está fue la metáfora que se convirtió en una realidad. Durante su "reinado", aquél fue el hogar de todos, sin duda....Yo así me sentí. Desde el primer día que me dio la bienvenida en la puerta de su hogar diciéndome "Pase y acomódese ...está usted en su casa".

**Una confesión para finalizar**

Eduard, y la cónsul de España Cristina, solo tuvieron una rivalidad a lo largo de nuestras idas y venidas amicales: Quién llevaba el pañuelo en el cuello más atractivo en cualquier acto público... "Lo siento mi pequeña princesa..." le dije en el último encuentro que tuvimos cuando se inauguró la exposición de arte cubano en el CCE "…te gané. Y, como ves, nuestra foto de despedida te delata. Hoy no llevas ninguno puesto y acaricias el mío como si fuera tuyo"

Este fue el pañuelo que yo le regalé; el amarillo que ella me dio me lo pongo cuando el sol se ausenta en esta metrópoli.

Te quise mi pequeña Cristina…las despedidas sobran.

# Murió el poeta "maldito".
# Se fue Leopoldo María Panero

31/03/2014

Vino a la Feria del Libro de Miami hace unos años. Lo trajo el poeta Juan Martín a partir de la asociación NAEMI. Lo conocí de frente. Balbuceando demonios al aire con una lata de coca-cola en la mano derecha. Llevaba un cigarrillo sostenido por unos dedos del mismo color que el tabaco que expelía en su boca. Miraba a ninguna parte, a través de una ventana del Miami Dade College. Se entretenía viendo pasar el metromover como si fuera un tren eléctrico de juguete.

Yo me lo quería. Me lo quise con aquella ternura infernal que da, el saber que sus versos hablaban de lo inhóspito del alma, de Lucifer, la heroína, el alcohol, la sangre… o un sentimiento oscuro hacia su madre, Felicidad Blanc.

> Escucha en las noches cómo se rasga la seda
> y cae sin ruido la taza de té al suelo
> como una magia
> tú que sólo palabras dulces tienes para los muertos
> y un manojo de flores llevas en la mano
> para esperar a la Muerte
> que cae de su corcel, herida (…)
> Fragmento de un poema del libro

**Poemas del manicomio de Mondragón 1987.**
Lo había descubierto anteriormente en la famosa Antología

de Fin de Siglo de la editorial Visor (1975/1999) junto a otro desdichado poeta, Aníbal Nuñez, salamantino sagaz, que se suicidó hablando de la belleza. La disociación entre realidad y sentido humano tenían moneda común en ambos. El director Jaime Chavarri en 1976, reuniendo a su familia en un memorable film, El desencanto, habló de los entresijos de una familia muy peculiar, Los Panero, alrededor de la figura autoritaria y controversial del padre ausente, el famoso poeta Juan Panero.

Después lo haría Ricardo Franco en 1990 con otro film, valga la redundancia del apellido familiar: Los Panero. Se unían al grupo su hermano Michi y el también poeta, muerto hace una año en Torroella de Montgri y ligado al movimiento de lo que se ha dado en llamar poesía de la experiencia, Juan Luís Panero, su otro hermano.

Pero hablar de Leopoldo es hablar de su matrimonio con la psicosis y sus internamientos psiquiátricos. Antes que nada en Mondragón. Y posteriormente, en el de las Palmas, donde una actriz canaria amiga mía, Saida Santana, me comentaba verlo en ir y venir a diario a los baños públicos, en el parque de San Telmo de Las Palmas, evocando parte de una historia en sus labios que siempre le acompañó: los cigarrillos.

> ...Fumo mucho. En el cenicero hay
> ideas y poemas y voces
> de amigos que no tengo. Y tengo
> la boca llena de sangre,
> y sangre que sale de las grietas de mi cráneo
> y toda mi alma sabe a sangre,
> sangre fresca no sé si de cerdo o de hombre que soy,
> en toda mi alma acuchillada por mujeres y niños
> que se mueven ingenuos, torpes, en
> esta vida que ya sé...

Del poema «**La canción de croupier del Mississippi**», incluido en su obra Last River Together (1980).

A finales del siglo XIX, Paul Verlaine publicaba su ensayo

Les Poetes maudits. Allí se homenajeaba a Tristan Corbière, Arthur Rimbaud, Stéphane Mallarmé, Marceline Desborde, Auguste Villiers de L'Isle-Adam y Pobre Lelian. El autor los clasificó así porque encontró en su propio savoir faire: la desigualdad a la hora de abordar con dignidad, su escritura, la provocación en los temas, el amor por lo no-establecido, la bohemia en los cafés, o incluso la autodestrucción. También se incorporaron a la lista Charles Baudelaire, donde sale el apodo de "maldito" de un poema suyo, François Villon, Gérard de Nerval, el conde de Lautréamont, Antonin Artaud, Émile, John Keats, Edgar Allan Poe y Leopoldo María Panero... por supuesto.

Si dijéramos a Panero "Descanse en paz y en el cielo" creo que traicionaríamos sus deseos y la mística de lo vivido. A pesar de todo, no quiero, ni me atrevo, a desearle las tinieblas. Aquel paraíso donde habitó lo fructífero de cualquier cloaca humana que se interpusiera entre él y la realidad. Lleno de imágenes pútridas y convulsamente hermosas... siempre bajo el prisma de un corazón limpio, solitario, ebrio y dispuesto a la huida a ninguna parte. Deseémosle, pues, que repose allá donde él haya escogido ir.

## Bob Dylan y el urinario de R. Mutt

01/11/2016

La Academia Sueca ha decidido otorgarle a Bob Dylan una pieza única a título metafórico: La Fountain de Marcel Duchamp (Mutt, como pseudónimo). Una obra que expuso en el museo de Nueva York en 1917. Esta obra que traduce "el objeto encontrado" como parte del arte de hoy, marcó un antes y un después, en este perímetro de las miradas.

A partir de ahora, cualquier literato que aspire a abrir nuevos caminos, tendrá que reflejarse en el agua de este recogedor de pipí que es hoy el autor de Like a Rolling Stone o Blowing in the Wind. Y que nadie interprete que hablo de las cloacas de su interior como algo nauseabundo; bien al contrario. Tampoco de un género que no sea conocido en otro campo. Sino de una nueva habitación a incluir en la casa líquida de la Literatura que diría Bauman y que ninguno había pensado con anterioridad. Ahora, la música propiamente dicha junto a la palabra son literatura.

La poesía ya no va ser nunca más el oficio de la imagen creada, el juego de términos similares en la estrofa, o la metáfora a partir del verso libre. Poesía es, desde este momento, la palabra hablada o escrita que abre nuevas sendas al pensamiento y a la historia con nuevas categorías a incorporar fuera de su lenguaje propio y conocido.

## La pregunta y mi respuesta

Más aún: ¿Qué es lo que en verdad está en juego en este premio?: el género de la composición musical junto a sus contenidos. Sea desde la lírica de las letras por sí mismas, o desde la fusión con la eufonía. Desde ahora, nos podemos cuestionar si se lo merece Leonard Cohen, Lou Reed. O si hubiera sido mejor que se lo concedieran a la nouveau chanson de Georges Brassens o Jaques Brel en los años 70. A Serrat, Sabina, Silvio Rodríguez al acabar el siglo. O al propio poeta y cantautor brasileño Vinicious da Moraes. A partir de aquí, la reivindicación de la oralidad y su melodía: un todo determinado para la creación y difusión de un mensaje; independientemente de la cantidad literaria producida o publicada en papel.

## Referentes rupturistas

En la historia hay cientos de ejemplos que por el solo hecho de ser impartidos en una cátedra de Arte o Lengua y Literatura hoy ya no están cuestionados por el público. Y en cambio, sí lo fueron en su día por la crítica especializada dentro de su género.

No olviden el reto que supuso para las artes plásticas de principios del siglo XX el cuadro las Demoisselles d'Avignon de Picasso frente la rutina impresionista de Cezanne o Manet. Y a la vez, éstos mismas obras frente al realismo de Renoir o Corot. Recuerden la marea crítica y de los medios surgida ante la aparición del movimiento Dadá de Tristan Zara. O el revuelo que supuso el final de las vanguardias para los amantes de la creación visual. Díganselo al propio Bretón con el ejercicio de su escritura automática salida del subconsciente para los literatos del momento (Mi mujer ojos de agua para beber en prisión /Mi mujer ojos de leño siempre bajo el hacha). La entrada del jazz o la música rock por parte de Elvis frente a la elegancia de las big bands en los salones adinerados de Manhattan. O la incursión de la danza como lenguaje no bucal, e imprescindible para entender una obra del grupo teatral Peepping Tom en la actualidad. En cualquier medio literario establecido en este momento, hoy, gracias a la intervención valorativa de la Academia, la letra original de una canción-acompañada-de-su música, será literatura de alta clase si así se amerita por sus miembros. Compitiendo así con la prosa, la poesía, el teatro u otros géneros que surjan a partir de su híbridos.

Dentro de una década el mundo hablará de la dicotomía que se originó el 13 de octubre de 2016 entre la comunidad literaria del Planeta ante tal premio. Desde lo que pensaron que Phillipe Roth, Milan Kundera, De Lillo, o Margaret Atwood se lo merecían en la prosa, hasta como Zoé Valdés y otros bardos propusieran que fuera Adonis el poeta sirio vilipendiado por la guerra en Oriene Medio, o un servidor que lleva años revindicando al querido novelista portugués, Lobo Antunes.

**La realidad**

La deliciosa palabra literatura viene del latín litteratura: la producción que hace una litterator, es decir, un maestro que cultiva y trabaja la littera; la letra. ¿Alguien ha pensado alguna vez porque la narrativa de una canción se le llama "letra", origen etimológico de este gran género que Alfred Nobel concibió como un gran valor de avance desde una visión humanista?

Posiblemente, por las disputas que debió haber a título nominativo en la toma de un acuerdo en el jurado, se decidió omitir los "egos" en cuestión de los escribidores y escribidoras citados anteriormente...Y lo sigo pensando: lo de menos es Bob Dylan y lo importante es la apertura de un nuevo género que, si bien es súper conocido en el campo musical, no lo era en el que abordamos hoy. Una decisión que obliga a rehacer y revisar la historia de la literatura a partir de ahora en la escuela, el instituto o las universidades.

Lo que sí ya corre es un bulo del cual me adhiero. Un autogol que dice así

"El Premio Nobel de Literatura de este año ha sido para el jurado y su concepto de fusión".

## Desenlace epistolar

*"Mi querido Bob Dylan*

Entiendo tu postura de sorpresa y oscuridad mental a día de hoy... Y no quiero que olvides que sólo tú tienes la decisión de poder orinar en tu Fountain propia que te han otorgado. La soledad y el silencio que implica la micción a nuestra edad solo lo sabe nuestro interior y la próstata. Yo te animo a presionar el agua del retrete y a recoger el premio. Dedícaselo al género de la composición musical y a sus autores: a todos los que han formado, forman y formarán parte siempre de ello. No olvides nunca aquella letra que compusiste que te anuncia como ser mortal bajo un día de felicidad

It's gettin' dark, too dark to see
I feel I'm knockin' on heaven's door.

**de Knockin' on heavens door. Bob Dylan**

Ya llegaste hermano. No olvides: You never turned around.

## Nota final

Hoy 28 de octubre se acaba de anunciar a los medios de comunicación que Bob Dylan recogerá el Premio Nobel de Literatura 2016. Desde la ética decir, que este artículo se acabó de escribir el 20 de octubre de este año. Punto y final. Se cumplieron mis presagios a pesar de mis amigos literatos detractores -... que son muchos- a mi alrededor. Espero que el discurso el día de su proclamación sea desde la letra, la armónica y su guitarra frente a los presentes. Abogo por una indumentara de jeans, camisa texana y sombrero de ala ancha y de medio lado

**My Bob please...no tuxedos.**

# 6 Temas y perspectiva política

# Monarquías ¿punto y final o punto y seguido?

28/04/2013

Decir que, durante mis horas de recreo escolar, no quise ser príncipe azul ante las féminas, sería no poner en la realidad mis derechos como niño cuando lo fui. Enlazar mis dedos junto a Rosa, mi primer gran amor en el parvulario, y evocarle como un aprendiz de noble dice: "Sí quiero... mi princesa", hizo subir mi autoestima. Poseer un castillo con fosos de agua de mar, vasallos y cocodrilos de plástico, incentivó mi pasión por el cine. Disfrutar con Cenicienta y poder encontrar el zapato de cristal de mi amada en Barcelona, me permitió entender las posibilidades que tienen las plebeyas de ser algo conmigo. O incluso, el delirio de joven por ser el novio imaginario de la princesa Carolina de Mónaco, significó para mí que, fantasear, es un derecho gratuito. Pues hasta aquí todo perfecto. Sueños de palacio o anhelos aristocráticos, han tenido y deben seguir ofreciendo, la tradición de cualquier narrativa que relate la historia y la naturaleza del ser humano.

Si hoy miramos el mundo en cualquier punto del planeta, nos encontramos con monarquías en todos los continentes. En Europa, la más tradicional es la inglesa al mando de su majestad la reina Isabel II donde la controversia después del escándalo por la muerte de la princesa Diana y su nieto vestido de nazi en una fiesta, está ahora, por suerte, en horas bajas. Podríamos hablar de las que conforman los países nórdicos. Monarquías níveas, no sólo adjetivadas por el frío que envuelve a estos países en invierno, sino por lo blancas y transparentes que son: Carlos Gustavo en Suecia o Harald en Noruega, están siempre ligadas y unidas a la pomposidad y entrega de los honorabls Nobel Prize. Si exceptuamos aquella anorexia que tuvo la princesa Victoria no parece que haya nada nuevo. La monarquía más liberal sería la representada por la holandesa Beatriz I que bajo su reinado de lentejuelas, uno puede ir a un coffe shop a degustar hierba de buena calidad en Ámsterdam. Junto a ellos, pero más conservadores, la belga con el rey Alberto y la reina Paola dirimiendo el conflicto que existe entre flamencos y valones. Si viajamos al Mediterráneo, aquí cohabitan dos glamours que empiezan a oler a novela del XIX: en Mónaco el príncipe Alberto, play boy declarado y aplaudido por su pueblo, donde viven muchos de los defraudadores de Europa en su capital, Montecarlo. Hacia el oeste, la muy respetada y valorada monarquía española. Hasta que los yernos y nuera (Marichalar, Urdangarin y Letizia) entran en litigios aparentemente fútiles Y el susodicho suegro, el rey Juan Carlos, no se le ocurre más que ir a cazar elefantes en Botswana con su amante Corina en plena crisis económica. Vaya pastel

En África después de la colonización, quedan pocas. La más famosa la de Marruecos con Mohamed VI pendiente de un hilo en cada revuelta de los islamistas. Y algunas más negras oscuras y genuinas como las de Lesoto o Suazilandia dependiendo siempre de la tribus adheridas o enemigas de turno.

En América si exceptuamos que Isabel II reina como una polichinela en pleno Canadá gracias a los acuerdos de la Commonwealth, todas las demás aristocracias se ubican en islas bajo regencia británica y ninguna en el continente propiamente dicho. Y es que parece casi seguro que, ser isleño —arubeño, bahamense, san luciano, antillano, o jamaiquino...- , da un caché especial. Que en medio de tanta pobreza, uno sueñe con ser un plebeyo para luego ser escogido algún día noble debe ser propio de vivir en una isla. En el continente asiático y Oceanía, destacaríamos primero la japonesa donde nadie olvida que en la segunda guerra mundial los kamikazes se suicidaban al grito de Viva el Emperador que, según el rito sintoísta, es un dios vivo para ellos. Hoy Akihito parece sólo ser el causante directo de la depresión sin fin de la emperatriz Michiko por la rigidez del trono dinástico que sustenta. O sin ir más lejos, las excentricidades del Sultán de Brunei, Hassanha Bolkiah que con una población de trescientos mil habitantes tiene un palacio con más de 1700 habitáculos para él y sus súbditos.

Ya ni hablemos para finalizar de las de medio Oriente. Las del Arabia Saudí con el monarca Abdalá y sus petrodólares al servicio de la represión contra su pueblo, especialmente contra los derechos de las mujeres. La de Jordania con Abdulá II bajo el aparente sello occidental, la de Bahréin con Hamad bin Isa, sólo preocupado del gran premio de carreras de Fórmula I, mientras su población chiita pide democracia.

Pues bien...¿Qué hacemos con estos individuos en plena democracia real – palabra que proviene del latín realis que significa cosa o existencia según la RAE. Ya no sólo porque hayan parlamentos en el mundo para manifestar nuestro voto, sino por lo que representan las redes sociales hoy en nuestro planeta frente a los derechos humanos munidales, la denuncia o la información? ¿Qué justificación tienen? ¿Por qué la realeza se autoproclama unos atributos que sólo su sangre azul legitima como propios e incluso algunos están amparados por Dios? ...Pero aún más lejos ¿Por qué hay una infinidad de individuos que todavía la justifican y por lo tanto la sostienen?

Como diría mi amigo y filósofo de barrio Emmanuel Zureida : "con los temas que preocupan al ser humano nunca hay un punto final, ni un punto y seguido...si no puntos suspensivos". Es decir, si interpretamos su función en la lengua, los puntos suspensivos significarían que con ellas, las monarquías de hoy trascienden.... Las monarquías (expresión de duda, vacilación o incertidumbre) podrían subsistir o desaparecer.

En el ejemplo siguiente aparece otra función: «¡Qué hijo de... está hecho!» la función de éstos es omitir una palabra malsonante. Por lo tanto si nos preguntáramos lo siguiente ¿Para que co...sirven las monarquías? o ¿Qué po...quieren estos aristócratas? Puede interpretarse por su lugar la omisión el sexo de la mujer y del hombre respectivamente.

**Pues bien, la respuesta está servida...**

Para que tus hijos puedan dormir tranquilos mientras les lees en voz baja El rey Arturo y los caballeros de la tabla redonda. Para que los americanos –yo incluido- puedan seguir comprando entradas al Magic Kingdom de Orlando en la Florida o seguir soñando que la princesa Kelly fue la primera aristócrata de origen americano. Para que la historia del mundo no acabe sin personajes como ellos. Para seguir la protesta del pueblo, pura y llanamente, por razones obvias propias de este difícil momento económico que vivimos. Y para que el que está escribiendo esta columna pueda disfrutar en mis sueños diurnos, cada vez que voy al supermercado o al quiosco, de los chismes en papier couché de la realeza mundial de la revista Hola.

El punto último, aclaro...es "un punto y final"

# Cultura musulmana versus cultura yihadista

01/12/2015

*a Reza Moradi, Ahmad Al-Shahawy y Liliana Castellanos*

Junto al resto de las creencias abrahámicas, es decir, la judía desde la Torá y la cristiana desde los Evangelios, los escritos en nombre de Dios han marcado una manera de entender la vida cotidiana de millones de personas a lo largo de la historia. A veces, con argumentos impositivos en nombre del Supremo. Otras, inquiriendo justo sobre una supuesta verdad o lo considerado blasfemo. Y menos, aunque existen, incitando a la guerra. Pero también es cierto que, a veces, se han orientado en busca de la paz, la tolerancia o la concordia con sus contiguos, para justificar sus intenciones de fe y buena voluntad que el mensaje del Creador del Universo encarna.

Desde que en el año 622 el arcángel San Gabriel se le apareciera en el monte Hira al profeta Muhammad para anunciarle su testamento sobre Dios (Allah) en forma de escritos revelados -conocido como el gran libro sagrado del Corán-, la cultura, la idiosincracia y el arte islámicos se han extendido, hasta hoy día, sobre distintos parámetros de intensidad variable. Unos más sobresalientes que otros a través del arte caligráfico o arquitectónico, sea éste nazarí, almudéjar, o andalusí como la Mezquita de Córdoba en

España. Otros derivados propiamente de la ciencia y la literatura medieval como los cuentos de Las mil y una noches. A veces, desde la poesía sufí o la del poeta persa Rumí, un precursor, posiblemente, de la contaminación de nuestro ecosistema

Cuando la rosa se haya ido y el jardín esté marchito,
no podrás escuchar más la canción del ruiseñor.

...la música clásica árabe o la contemporánea de la desaparecida cantante egipcia Umm Kalzum.

Si concluimos que una persona musulmana, para serlo, sólo tiene que seguir cinco principios donde se incluye: creer en Dios siempre, la oración cinco veces al día, ayunar durante la festividad del Ramadán, la limosna (el zakat) para sufragar al necesitado y realizar el viaje a La Meca al menos una vez en la vida, demos por descontado que, el bien y la interiorización del mismo, tiene la misma equivalencia que el resto de las religiones o creencias que conviven juntas hoy en nuestro planeta.

Hasta aquí todo correcto.

El 11 de septiembre de 2001 debido a los atentados (Al Qaeda) que se produjeron en Nueva York, se inició la guerra en Afganistán. Posteriormente en el estado de Irak de Sadam Hussein. Más adelante, el terrorismo se cebó en la red ferroviaria de Madrid, 2004, luego vino el horror en el metro de Londres, 2005. Y este último año, el ataque al semanario Charlie Hebdo en enero, y en la conocida sala Bataclán este noviembre, ejecutados por Estado Islámico (ISIS).

Conclusión errónea: La sociedad occidental, en su mayoría, ha girado la cabeza injustamente a esta comunidad. Y lo ha hecho este verano, por ejemplo, en pleno proceso de huida hacia Europa de la población siria afectada por la guerra civil que vive el país, bajo la dictadura de Baixar al Hassad.

Desde la más radical islamofobia donde "todo musulmán es nuestro enemigo" hasta la más moderada donde todo musulmán es sospechoso. Un hecho, el 19 de noviembre se desalojó espontáneamente en Barcelona un vagón de tren porque una persona vestía un turbante en la cabeza y sostenía una maleta negra en la mano. Consecuencias...se está extendiendo como la pólvora por la comunidad, el miedo y la desconfianza hacia este colectivo.

Si bien deseo condenar firme a los que en nombre de Allah traducen yihad con vocablos como "guerra santa" contra el infiel (la mayoría de los eruditos del mundo musulmán lo definen como "guerra interior" en busca de la pureza en ti mismo como individuo o, como máximo, un símbolo de protesta pacífica ante el opresor). A los que imponen la sharia -ley islámica- como única justicia en su comunidad aplicando latigazos, mutilaciones o la propia ejecución pública en casos de adulterio de una mujer.

Máxima repulsa a los que, como el grupo Boko Haram en Malí, son capaces de violar a mujeres kafir "infieles" como castigo. O permitir lazos matrimoniales a niñas de 8 años y utilizarlas con cinturones-bomba en sus fechorías. O como anzuelo para ataques terroristas.

Reprobación a los que en Siria destruyen la ciudad de Palmira para negar la cuna y origen de la civilización que les fue dada. O a los talibanes que, en nombre del Corán, destruyeron los Buda de Bamiyan por considerarlos iconos contrarios al Islam...

A estos, a los que niegan la libertad de expresión y bajo el influjo de los imanes de ciertas mezquitas de tendencia salafistas se radicalizan en la barbarie y el odio y buscan la extensión del mal en cualquier manifestación a la hora de comprender la civilización occidental...A todos estos repito: mi mayor condena.

Quiero dar, por lo tanto, mi apoyo a todos los hombres y mujeres pertenecientes al mundo sunita, sufí, shií.. sean de condición árabe, egipcia, marroquí, jordana, berebere, del mundo asiático, europeo o africano que desde el corazón, inteligencia, conocimiento, tolerancia, la modernidad, o el respeto a otras creencias o ideas. Incluso, que desde la creación artística, hayan dado al mundo lo mejor de sí mismos.

Hoy quiero acabar la columna mensual con Ahmad Al-Shahawy قتيل العبارة, poeta cairota que nos presentó nuestro colaborador Francisco Larios y que la revista Nagari, en la edición impresa anual, de Las Barcelonas ha publicado en primera página de la sección Péndulo, como símbolo de lo que representa nuestra comunidad, hoy más que nunca: La sociedad de los libres.

Esa es una ciudad
ignorada por los geógrafos
y la trazaron tus labios.
Esa es mi ciudad,
ciudad de Dios,
que avivará el fuego de mi lengua
como un libro eterno para los
derviches enamorados.

Recuerden el origen de la palabra "cultura"; viene del latín "cultus", y significa cultivar. "Depende de lo que siembres vas a recoger en agosto" dice el refrán. Espero que no perdamos el norte y confundamos a los asesinos con dos tipos de víctimas que provocan sus fechorías: las que yacen con sus ejecuciones después de los atentados y las sobrevivientes ligadas en nombre de la religión que erróneamente dicen que representan: El Islam.

## Matemáticas. La división

01/02/2017

Uno de los grandes de hoy en el tema, el nonagenario Louis Nirenberg, dijo hace unos días en una entrevista al diario La Vanguardia de Barcelona lo siguiente "las matemáticas están presentes hoy en cualquier ciencia y en cuantiosos aspectos de nuestra vida: la economía, la biología o la medicina, así como también en cualquier descubrimiento tecnológico…". Sin duda, si bien no cita la política, si diré que yo las incluiría; hoy más que nunca.

### Preámbulo

Un portento en ellas, mi padre, se distinguió de pequeño por ser el primero de la clase en la materia. Aquel cuaderno con letra cursiva en la cubierta donde delicadamente y con nitidez se agrupan y convergen los problemas y las figuras geométricas, aún lo guardo en mi haber como ejemplo. Repleto de dieces (10), como notificación de "excelente" durante la época de los años cuarenta, hoy reposa en el segundo cajón de mi mesita de noche.

El hombre, however, a pesar de su talento y cortesía con sus clientes, nunca las aplicó con éxito en su negocio de venta al por mayor de frutas. Si bien manipulaba con deleite su aritmética en un bloc cuadriculado tamaño folio, siempre tuvo deudas parecidas al cuento de la lechera. Su manejo operativo, nada tuvo que ver con el resultado final de su sueño: ser un reconocido burgués en el barrio de Hostafrancs de Barcelona.

**El ayer escolar**

Mi experiencia sucedió distinta; como tiene que ser. Fui un inútil. Un malogrado individuo para razonar su significado etimológico y entenderlas del todo. Y baldío para deducir dos operaciones fundamentales: la resta y la división. A una edad donde todo te pertenece porque nada es tuyo en verdad... ¿quién entiende el que te "quiten" algo, para quedarte con menos, o que se "reparta" en fracciones el dividendo con tu prójimo?

Si bien lo que más aprecié en verdad fue la Geometría por su lectura visual y entretenida de las formas, el concepto de polígono es lo que más me fascinó. Simplemente, porque desde la infinidad de sus lados, uno podía llegar a la figura del círculo; es decir, regresar al "todo es mío" y yo en el centro (...que nadie piense en la imagen de Narciso). Cuando esta ciencia se entretiene a analizar la tangente de los ángulos, y por tamaño califica su dimensión en agudos, llanos y obtusos, perdí el interés por el género.

Quiero reconocer, sin embargo, que la estética del 0 como símbolo próximo al vacío   o los números negativos -1 -2 -3... captaron mi curiosidad por su descenso melódico y por la rayita minúscula que los depreciaba. Así como los signos de las letras "x" e "y". La raíz cuadrada. El número pi. El conjunto y el subconjunto. La insignia de igualdad (=) así como su hermoso contrario con su diagonal en medio. Un diminuto número encima de otro fungiendo el rol de exponente para multiplicarse. La cruz cristiana para sumar o la misma rodando 22,5 grados para convertirse en aspa y dar un sentido único de reproducirse misteriosamente. Los incomprensibles fractales, la teoría del cálculo numérico, y las aplicaciones estadísticas, ni quiero hablar porque lo único que sé de ellas es deletrearlas para escribir esta oración.

## ¿Hay un final?

No...en nada hay un final. Las matemáticas lo demuestran con el símbolo infinito.

En el fondo, yo quería hablar de la división por dos cuando el dividendo es el número dos. Esta operación tan evidente en la realidad desde que nací que te obliga a tomar partido; es decir a partirte. Y que reconozco que es la única fracción que entendí ½ por poner un ejemplo.

Tener que aceptar la división en géneros para distinguir a tu padre de tu madre y, en el fondo, apostar por quién amas más. Sentirte fraccionado para lo que escoges: entre tu pasado cristiano la figura de Jesucristo, o la del vacío, inherente a la realidad del agnóstico actual que soy. Ver la dicotomía que provoca el amor en singular o en plural en mi vida. La stevia o el azúcar negro ante un café. El regresar a la España de siempre o decidir un nuevo estado para tu patria de origen, Catalunya. Abandonar la lucha interna por querer que tu país de residencia, EE.UU, se respeten los derechos humanos o esperar a ver qué hace el monorrubio ...dice mi amiga, la poeta nicaragüense, Ruby Arana.

No sé...Perdón sí sé. No sea que el "yo dividido" que diría R.D Laing, el antipsiquiatra que analizó la esquizofrenia, te atrape si no optas por un sendero.

## Infinito para acabar

Principia mathematica, 1913. "Las matemáticas poseen no solo la verdad, sino cierta belleza suprema. Una belleza fría y austera, como la de una escultura." Si hubiera conocido esta cita de Bertrand Russell con respeto a esta materia, doy por seguro que no hubiera repetido tercer grado en mi escuela elemental.

Si hubiese conocido de verdad la relación posible entre la matemática, el arte, la estética o la filosofía platónica ...de pequeño doy por seguro que la división no hubiera sido un problema. Y además, hoy sería un hombre de negocios con éxito...solo para responder al algoritmo inherente a la especie humana que consiste en ir en contra del progenitor a medida que crece tu uso de razón.

Ecuación aprendida

$$yo : mí = Yo,$$
donde se deduce que "mi"= 1 (1)
siendo **uno**
el
$$(.................................................) (2)$$

**Notas**
1. Uno siempre es uno
2. El vacío ( ...que no vaciarse) forma parte del ser.

# Terrorismo y vida cotidiana

01/09/2017

## terrorismo

Empezar un artículo sobre este tema, el mismo día que tu ciudad de nacimiento es un lecho de cadáveres y heridos en su paseo principal, no es ético. Pero lo es menos cerrar la cortina quemada del dolor interior y ubicarte como un sordomudo ante la realidad.

El terrorismo es, hoy en verdad, un artículo de lujo en el supermercado de lo fúnebre. Cualquier mercenario en nombre de una causa sin-explicación-humana-posible lo puede utilizar. El precio de compra da prestigio a los yihadistas que aleccionados por "el paraíso" junto a las mil vírgenes, la voz de un supuesto dios que los guía, o la misma venganza por la humillación y abuso que han sufrido en su propio territorio  -...no olvidemos esta parte que a menudo se omite en los medios de comunicación- los incita a ello.

La mayoría son jóvenes. Han sido guiados por un imán salafista en cualquier pequeña mezquita de Europa o del mundo occidental. Y buscan en sus actos lo que dice la

tercera y última acepción de la RAE que lo define así: terrorismo.3. m. Actuación criminal de bandas organizadas, que, reiteradamente y, por lo común y general, de modo indiscriminado, pretende crear alarma social.
**modo indiscriminado...y alarma social**

Estas son las claves. La política, por lo general, discrimina sus objetivos y los diferencia para crear atracción y argumentos propios y así, solucionar, problemas de la polis; término urbano que, significa "ciudad", etimológicamente hablando. Las elecciones legislativas y los referéndums son una muestra para que la sociedad actual siga y acepte democráticamente su dirección de futuro en valores de convivencia, compromiso con su cultura y adelantos económicos.

Nada hace más daño a un país en litigio con sus adversarios que, éstos, no distingan quiénes son sus enemigos en el campo de batalla y ataquen a la población civil como respuesta "militar". La gente se olvida. Pero estamos en guerra internacional contra un ejército que ya apenas tiene territorio propio en Irak o Siria y éste es su modo de hablar al mundo.

La respuesta de los barceloneses ha sido espontánea, unánime y en su lengua de origen: ¡"No tenim por"! (No tenemos miedo).

Aunque lo fue también la réplica ciudadana frente al atentado de Nueva York durante el 11S. El de Madrid al día siguiente del 11M, en la estación de Atocha. El de Londres en el underground o delante mismo del puente que nos conduce al Big Ben. El de Bruselas en el aeropuerto. El de París en la sala Bataclán y otros bares de la zona centro. El de Niza durante la celebración del 14 de julio. El de Berlín en un mercado de Navidad y en el propio Bagdad o Kabul o Istanbul que a veces olvidamos por no ser noticia en nuestra cultura. En este mismo instante que escribo, en Turku, una ciudad del norte de Finlandia, un individuo que ha invocado el nombre de su particular todopoderoso como "grande", acaba de acuchillar a varias mujeres. Este artículo -ni el que firma- pretenden ahondar sobre el origen de los culpables. Tampoco sugerir medidas de prevención que debiliten los asesinos. Ni abordar el castigo a los que utilizan este fenómeno para decirle al planeta que somos "herejes" y que ellos tienen razón. Ni inclusive el señalar a gente creyente que no interpreta el Corán como lo hacen otros. Ya sea ha hecho infinidad de veces. Se sigue escribiendo acerca de ello. Y saldrán mil propuestas más para la ocasión.

**vida cotidiana**

Este escrito aspira a lo siguiente...Vaya a Expedia ahora mismo. O a su agencia local en este instante. Coja un billete de avión a Nueva York. Disfrute del bajo Manhattan y ponga la vista sobre la inmensidad del techo en la estación del Gran Central. Recorra el Metropolitan a pie, y tómese un bourbon en su terraza contemplando el jardín por excelencia de lo neoyorquinos. Circule por el MOMA y escoja un Rothko. Mírelo como enerva sus pinceladas por las orillas de la tela en silencio. Coja el Ferry hasta Staten Island...siéntese junto al Hudson y medite mientras lee un poema que dice así ...

No duerme nadie por el cielo. Nadie, nadie. /No duerme nadie. /Las criaturas de la luna huelen y rondan sus cabañas. /Vendrán las iguanas vivas a morder a los hombres que no sueñan /y el que huye con el corazón roto encontrará por las esquinas /al increíble cocodrilo quieto bajo la tierna protesta de los astros.../No duerme nadie por el mundo. Nadie, nadie.

Ya lo he dicho. /No duerme nadie. /
Pero si alguien tiene por la noche exceso de musgo en las sienes, /abrid los escotillones para que vea bajo la luna /
las copas falsas, el veneno y la calavera de los teatros.

**Federico García Lorca. Poeta en Nueva York**

Si escoge París olvídese de la manida Torre Eiffel. Dese un respiro por el barrio burgués de Le Marais, contemplando los múltiples sinónimos que tiene el verbo vivir. Vaya a Pigalle y pregunte qué hizo Maurice Chevalier en el Moulin Rouge ante el público o el propio Toulouse Lautrec en sus orígenes con las vedettes. Suba las escaleras hacia el Sacré Coeur. En el barrio de Montmartre, tómese un  beaujolais del año en una taberna popular. Observe a un niño intentando hacer una foto a una gárgola en la explanada de Notre Dame imaginando que va a posarse en su hombro...Acuda a la librería Shakespeare and Co. ubicada al otro lado del Sena y pregúntese que hacía allí Sylvia Beach cuando la fundó y editó el Ulises de Joyce o a escritores de la generación beat como Ginsberg o Corso cuando se hospedaban por las noches en entre sus estanterías. Diga en francés toujours Paris como lo hizo Hemingway cuando creyó que aquello era una fiesta sin límite ante su vida paupérrima y feliz.

Puede que su destino sea la ciudad de El Támesis y entienda el lugar como un homenaje a los Beatles o a Pink Floyd cuando vea Battersea Power Station . O no le quede más remedio que alzar su figura en Hyde Park y subirse a Speakers Corner a dar su propio mitin. Soñar en el Soho o en el British Museum. Ir a comprar a Camden. Disfrutar la Tate Modern y su manera privada de organizar el arte contemporáneo por movimientos. Cruzar a través del río por los 33 puentes que lo atraviesan, en especial el Millenium Bridge acabado en 2002, o el Tower. Y por supuesto, tomarse una cerveza en un pub por la noche mientras lees junto a tu pareja versos como éstos de Jordi Doce... el día que ocurrió el atentado.

Si cuando haya pasado el miedo quieres regresar a Barcelona, no olvides huir de lo turístico y marítimo. Adentraros a dar un paseo por la Universidad de Barcelona y sus jardines. Convivir con el arte gótico de l'Antic Hospital de Sant Pau junto a los desvalidos que ocupan con vino-tetrabrik los arcos y la vejez de la piedra. Dad una vuelta por el MACBa en busca de la mejor colección de arte conceptual de Europa. Ver a los patinadores exhibir sus destrezas mientras destrozan el mobiliario urbano con simpatía y malabarismo frente a la capilla del Convent dels Angels. Tomad, si podéis, una horchata de chufa en la heladería Sirvent junto al restaurado Mercat de San Antoni. Y por supuesto descended por la riera seca que recogía el agua de lluvia desde el Tibidabo hacia el mar durante la Edad Media y que desde el siglo XIX se denomina Las Ramblas. Y después, pasea por la alcazaba contemporánea del barrio de El Raval y hablad con la nueva generación árabe, paquistaní o filipina. Tómate una copa de cava Gramona arriba en la terraza del hotel Barceló. Y adéntrate en la librería Central a buscar la literatura que se cuece aquí. Busca textos de los escritores barceloneses y vitales para entender la Barcelona de siempre, como Juan Marsé, Manuel Vázquez Montalbán, Terenci Moix o Eduardo Mendoza que hablan sobre la ciudad. Y disfruta de palabras como éstas del poeta Marcus Callau

Dicen que en esta ciudad
hay un mar que yo no he visto.
Quizá por ser de interior
no lo reconozco ni percibo su sal.
También dicen que la luna
dibuja ríos sobre tu espalda
pero, repito,
que yo nunca he visto el mar.
Quizá por ser de interior
no me llama su aroma
y de él solo me quedan
rastrojos de gaviotas
esparcidas por el cielo...

Eso sí, no olviden en cualquier urbe citada, o en las que el terrorismo hizo mella también -Niza, Bruselas, Moscú, Kabul...o Alepo-, poner un ramo de flores allá donde los verdugos dejaron fríos cientos de cadáveres y que, si bien ahora son ceniza pura o esqueletos bajo el mármol del camposanto, siguen en la memoria de sus familias y de los seres de buena fe que creen en el diálogo en este mundo.

No tengan miedo...sigan haciendo su vida.

# La cárcel; el otro lugar

01/08/2017

La primera vez que oigo este término en mi vida, yo me estaba comiendo un sandwich de jamón serrano sentado en la butaca de un cine junto a mi padre. Tenía 7 años recién cumplidos. Charlot (Charles Chaplin) y una cuadrilla de hombres diabólicos se abofeteaban duramente de la manera más divertida. ¿Lugar?: una celda abarrotada junto a un guardián en la puerta con un porra en su mano. Todos, con trajes limpios a rayas en blanco y negro, y una gorra, con el mismo diseño adherida al rostro.

"¿Por qué llevan esta bola de hierro tan grande atada a los pies,papá?", le pregunté "Para que no se escapen y hagan daño a la gente con sus fechorías" me contestó mientras no paraban sus carcajadas ante la presencia de aquel cine mudo.

En mi pubertad, aparece un sinónimo del término en los cómics; se llama "prisión". El Capitán Trueno, El Jabato, Roberto Alcázar y Pedrín. Allí los recluidos, lo están bajo la razón de la ley. Los héroes encierran a los malhechores, pero también descubres que encarcelan a los buenos. Los malos siempre están a galeras o en presidio al final de la historia. No cumplen el código que les exige su territorio.

"Los que roban y matan...los meten entre rejas" me decía de pequeño mi abuelo que vivió la Guerra Civil Española . De mayor cambiaría la semiótica y daría otro significado a estas palabras cuando comentábamos las imágenes de las protestas de los afroamericanos reivindicando sus derechos civiles en EE.UU. o la revuelta estudiantil del mayo del 68 en París: "Meten entre rejas a muchos justos por reclamar sus derechos...y fuera, hay cientos de criminales de guante blanco".

En el patio de la escuela se había corrido la voz entre los amigos. "El papá de Ángel salió en las noticias de Radio Nacional. Dicen que sacó un revolver y le puso el cañón en la sien al director de una sucursal. Fue en el banco Hispanoamericano. Qué pena, se va a pasar la vida en La Modelo."

Así era el nombre de nuestra penitenciaria más renombrada en la ciudad de Barcelona. El término se instaura porque a partir del panóptico central, toda conducta y omisión del reglamento se controlaba desde allí. Este espacio, quería mostrase como un ejemplo a seguir en la vigilancia y reinserción del condenado en el año que se instauró, 1904. También tuvieron fama: el Centro de Wad Ras de mujeres, Carabanchel y Yeserías en Madrid, o el Penal de Burgos durante la dictadura. Todo para justificar que...

En el año 1976 me llaman al servicio militar. Cuerpo elegido: La Armanda. Lugar y destino final: El Arsenal de El Ferrol, Galicia. Allí descubro una cosa. Demasiada gente afín a mis ideas políticas, es decir, personas contrarias al "caudillo", el general Francisco Franco que regentó España desde 1939 hasta la su muerte en 1975. No era casualidad que casi todos estuviéramos allí apelotonados.

En aquel tiempo de transición política, las cárceles eran refugio no sólo de los disidentes políticos sino de una población reclusa, entre otra, muy ligada a la delincuencia por motivos relacionados con la droga. Y para ser más específicos, a una muy en particular: la heroína. Cientos de ellos, había hecho revueltas en las cárceles de España. Una ley de amnistía se estaba cocinando para los que luchaban contra el régimen del general y para los "comunes" (así se llaman a los que tienen causas de criminalidad propia, no sujetas a temas políticos en mi país) no había más que desesperanza, pena y quietud ante sus condenas. Muy al contrario a lo que sucedía en su interior. Los motines aparecieron en los telenoticias. Y mayoritariamente ubicados en la techumbre de algún centro, los reos sacaban pancartas pidiendo el mismo trato de favor como víctimas del propio régimen. Yo me había unido a defender sus peticiones y derechos justos como ciudadano. Entendí que muchos de los llamados "criminales", eran producto de aquel régimen fascista que solo procuraba la discriminación y la marginalidad de sus ciudadanos que no comulgaban con sus ideas. Total, que ocurrió lo siguiente...

**28 de diciembre de 1976**

Estación de trenes de El Ferrol (Galicia). 5.35pm de la tarde.

- ¿Es usted el soldado 1079, el que trabaja en la secretaría del Arsenal como amanuense?
- No, señor
- ¿Se llama Ud. Eduardo Reboll Gascón?- Me dijo un policía militar cuando bajaba del carruaje del tren con mi petate a cuestas.
- No señor. Debe de haber una confusión aquí. Yo soy Agustín Villa Rocamayor número 0758 y trabajo en la Biblioteca Naval de El Ferrol.
- Acompáñeme entonces. Tenemos que verificar quién es. No concuerda con los datos que me ha proporcionado el Servicio de Inteligencia Naval.
- Sin duda. Yo le demostraré quién soy y aclararemos la confusión. La verdad es que no entiendo nada. Soy un servidor a la Patria y me imagino que el suplanta mi

identidad... debe ser un traidor a España.

El teatro, no me sirvió más que el tiempo que dura aquel diálogo más propio de una obra de Darío Fo que de un hecho real.

El sueño de evadir la detención y huir a Francia durante la misma jornada, se había desmoronado al instante con mi falsa identidad. Durante mi viaje urbano por El Ferrol en un Jeep oficial, reflexioné y deduje que lo mejor sería decir la verdad; y así lo hice.

Al cabo de una hora, entraba directo en la Prisión Naval de Caranza. Motivo: llevaba propaganda clandestina sobre la COPEL (Coordinadora de Presos En Lucha) de Barcelona. Dentro de ella, se encontraban todos mis compañeros de un piso que compartíamos como marineros en la localidad. Entre ellos, Jordi Petit, fundador del FAGC, el iniciador del movimiento de reivindicación gay en Catalunya en los años 70.

Después de cachearme hasta el orifico anal y darme mi uniforme gris "de faena", me trasladan esposado desde la oficina de interrogatorios hasta una celda de aislamiento durante tres días. Allí percibo la emoción de lo oscuro. El silbido divertido de las ratas. Y el honor estúpido de pensar que era "alguien" como los miles de encerrados en contra de aquel régimen autoritario.

Un detalle gráfico, el reo anterior había escrito en la pared :"Yo estuve en esta cámara  tres veces y me fui. Tú también te irás tan pronto como yo... Aguanta".

Un detalle afectivo. Hacia la noche, alguien me pasa comida por una abertura que había debajo la puerta del calabozo: "Profesor ¿Usted también aquí? Soy yo... El Negro". El susodicho era alumno mío en mis clases de alfabetización que un servidor impartía en el cuartel antes de ser detenido. "Profe. Nunca pensé que usted estaría aquí con nosotros". Aquel interno, que de ningún modo entendía porqué para leer era necesario juntar una consonante y una vocal, acabó su monólogo de esta manera tan humana: "Le he puesto un poquito más de carne y una manzana verde. Tranquilo. Aquí estamos todos los buenos como usted. Así es la vida ja ja ja".

Al oír de su boca la palabra "los buenos" se reafirmaron mis pensamientos en aquella pocilga. La razón por la cual yo me había involucrado en ayudar a los que se amotinaban en las cárceles españolas por sus condiciones humanas, era la causa por la cual ahora yo me encontraba recluido: es decir, recibía prisión incondicional; por condenar el estado de las prisiones.

Sería un hipócrita sino reconociera que, a pesar de las circunstancias infrahumanas, fui bienaventurado en aquel lugar. Seis meses alternando la cocina de la institución con la limpieza de los almacenes. Escribiendo cartas de amor a las novias de tres analfabetos o ayudando a organizar los libros en la biblioteca bajo la paz y el silencio. Allí descubrí el Borges poeta de Fervor de Buenos Aires y el cuentista de Ficciones . A Walt Whitman con el Canto a mí mismo o El Lobo Estepario de Hermann Hesse. Cada mañana, andaba por el patio como lo hacía Sócrates en Atenas: conversando de forma peripatética con sus "discípulos". Y por el contrario, durante la noche, fungía a la inversa el mismo papel con los más veteranos de la penitenciaria en una celda común: los maestros vitales eran ellos; yo su oidor más atento.

Un día mañanero, en el verano de 1977, cientos de voces en el exterior de la prisión gritan al unísono: "¡Libertad, Amnistía!". En octubre del mismo año, el rey Juan Carlos I, promulga la orden de excarcelación de todos los presos políticos; el resto, siguen sujetando los barrotes con sus manos.

Tres recuerdos inolvidables del último día: la inmensidad desproporcionada de la puerta de salida segundos antes de abrirse. La llamada en una cabina telefónica a mi novia de aquel momento, María José: "Amor mío; ya soy libre". Y El Negro despidiéndose de mí, mientras me decía a viva voz desde la ventana de su celda: "No os olvidéis de nosotros. Recuerda...todos los buenos estamos aquí" •

A lo largo de mi existencia, cuando mi desorientación vital ha buscado refugio para comprender la realidad, y ésta se encasilla o no cambia de sitio, a veces surge en algún sueño repetitivo: mi propio yo imaginario en una penitenciaria junto al mar. A continuación, aparezco en una mazmorra con varios libros de literatura encima de la mesa y una máquina de escribir Underwood. Tecleo, y me siento con la propia soledad que conlleva la reclusión, sin importarme el porqué ocupo aquel espacio.

Corrigiendo esta fantasía diré que, a lo sumo, el significado de sentirse como en una cárcel es personal e intransferible. Independientemente de la aleación del hierro de los barrotes, el atuendo carcelario, o la cantidad de luz que penetre en piel, la sombra de tu propio encierro la originas tú; no el lugar.

Nota final: Este artículo tiene un origen. Durante mi estancia veraniega en Barcelona, se anunció después de 40 años pidiendo su demolición: el cierre de la Prisión Modelo de Barcelona. Abierto al público, este centro penitenciario nacional ocupa hoy, un lugar en la memoria histórica de los barceloneses.

# 7  El yo interior

# El ciclo

01/05/2015

*a Ángels Martínez*

El amanecer ejecuta su obligación. Como parte del tiempo adelanta la hora de reponer mis pies en la alfombra del nuevo día. Tus azules se destapan como las capas de una cebolla, limpia y clara frente a mí. En un momento, mis ojos se derrumban. Y los hechos y la espera, se disponen solos en este papel cuando te escribo. Desde la ventana, las hojas de la higuera se balancean mientras un cuervo brinca sobre las ramas. El amor me muestra esta imagen de fragilidad y negrura que vivimos. El amor es rocío hasta las 7,20 de la mañana: perezoso, libre, clásico, cristalino. Si hoy en la mesa hubiera dos tazas, sabría que el cereal ( el salvado y la fruta) estarían junto a nosotros. Tú me llamarías a la escuela. Y mientras hablásemos de España, el tiempo se detendría en los campos de maíz y olivos. Aparecerías con el delantal amarillo y los libros sobre la muerte. Resucitarían mi placer por escucharte. El periódico de esta ciudad estaría cerrado. Y la única noticia del momento sería "Hoy, al despertar, un hombre y una mujer de Coral Gables, mientras buscaban su primer encuentro en el desayuno, decidieron abrir el día con la velada lujuria que la noche les ha servido"

## Los silencios...mis silencios

01/02/2015

El primero se ubicaba debajo de las sábanas de mi cama a los siete años. Era uno que olía a sudor del día a través de mi piel. Lo acompañaba una respiración en mis bronquios de niño asustado por la noche. Durante este tiempo yo inhalaba el pitido que da la oscuridad en mis oídos. Las tinieblas siempre tienen un sonido agudo y mal olor. Un silbido indefinible, cercano a un violín viejo. Un silencio que no me ha abandonado nunca. Una mudez plana que, a veces, surge con trazos semejantes cuando recibimos el frío de febrero arropados bajo una manta.

El silencio que se crea después de un bofetón del maestro ante tus compañeros de clase, es un silencio imposible para un lector joven. Queda delimitado por la geometría del aire. La humillación ante los demás, te permite ver las sombras de la vergüenza en el suelo. La luz que la rodea vibra por el vacío que se crea en aquel espacio lleno de pupitres. Todas las miradas del resto de tus compinches están detenidas en tu rostro. Yo me siento vejado y sin preguntas, ante la autoridad "suprema". Es el silencio de la violencia sin posible respuesta al maldito.

Los hay simpáticos, seniles o curiosos. Casi siempre cortos, pero intensos. Por ejemplo, el que acompaña tu interior cuando mi primera novia teenager, me daba un "sí " en la última butaca del cine ante su primer beso. Cierras por unos instantes los ojos y piensas ¿esto es ser hombre?.

El que se produce en un edificio vacío. El silencio que emiten lo objetos esparcidos después de una fiesta multitudinaria: el que esconde el vino a mitad de una copa untada de carmín, el de los papeles entre migajas y manchas en el mantel, las serpentinas en el suelo, la comida sobrante en la basura detenida...

El fin del acontecimiento y tú, mientras contemplas aquel desorden blanco lleno de objetos leves y vivencias que han desaparecido por la hora que anuncia el reloj. El silencio de la medianoche después de una cena memorable.

Silencio solemne y cínico como el acaecido en una iglesia ortodoxa, sin más compañía que el incienso y el mármol. El del amanecer junto al farito en Key Biscayne cuando ni las hamacas ni las sombrillas están aún abiertas al público en la arena.

El silencio de un domingo de diciembre entre las calles de Venecia junto al puente de la Academia o contemplando la arquitectura de Palladio o al Tintoretto o simplemente que te dejen solo en la platea de La Fenice.

El silencio final en los versos del **poeta Gamoneda**.

El vigilante de la nieve fue herido por su madre /describió con sus manos la forma de la tristeza/ y acarició cabellos que ya no amaba.

El silencio frío ante el féretro de mi padre. Acariciándole su pañuelo de seda en el cuello la ausencia de sujetos en la habitación donde reposaban las flores y su cadáver. Su grito -...ahora desaparecido- cada vez que le escondíamos su botella de cognac.

Pero hay algunos silencios que matan en vida más que el propio infierno que te espera: el silencio de la amada cuando se protege de tu amor por ella . Y escoge no decir palabra alguna, durante largo tiempo. Huir de tu imagen y tus versos de niño. La intención de olvidar lo vivido, sin consensuar juntos un "cómo".

O el de tu hija después de haberle enviado tu enésimo mensaje. El silencio del whats app de quien amas. Cuando sus palabras no aparecen en pantalla ni bajo ningún sonido predeterminado que indique una llegada. El silencio que da el castigo por un juicio sobre un artículo o un sentimiento no compartido

El de la celda de castigo donde me internaron de joven en el Penal de Carranza. El silencio de las ratas y los hombres. El silencio que te da el sol en el patio carcelario cuando uno desconoce si su salida llegará pronto.

No me voy a despedir sin citar silencios hermosos. Como los que se respiran en las telas de Edward Hopper con sus personajes frente a la ventana o los silencios cerrados de Rothko en los márgenes de su pinturas umbrías. El silencio interior que provoca la meditación. O el silencio de este lunes en mi oficina, mientras recogido en casa escribo y conmemoro, el día de Martín Luther King. Tampoco hay que olvidar los silencios negros en el alma de esta comunidad, a lo largo del pasado año en Ferguson o Nueva York.

Sin desdeñar, por supuesto, el silencio tuyo ahora.

Esta comunión entre lo escrito y tú, en la lectura. Este es uno de los más gratos para ponderar si uno quiere seguir siendo un escribidor, que decía Vargas Llosa.

En fin, el sigilo inherente de las palabras antes de ser leídas y descubiertas. Esta ausencia de ruido que implica la lectura desde las páginas de un texto...es uno de mis mejores silencios.

## La apreciación del fin

01/01/2015

Me acabo de levantar. Mis manos se agarrotan. Los dedos lucen como un juego de garfios de un  pirata cojo. Matizo lo de cojo porque mi espalda, mis glúteos y mis piernas perciben el dolor del luchador de madrugada. Es decir, a pata torcida me dirijo al baño de casa. Tomo una decisión que siempre rehúyo y arreglo una cita. "No tiene cura. Venga, no sea gruñón y mírese al espejo. Ya me dirá si le toca duro o no. A todos nos llega nuestro invierno" dice la doctora Prendes  con la sorna juguetona que le da su vanidad, su lenguaje culto y su idiotez. "Bien, voy a detener la literatura para concluir con una frase: la artrosis acaba de anunciar su llegada".

Al salir del médico, los ancianos, tienen otro cariz en esta Barcelona de cintas rojiverdes y cantos navideños. La sabiduría, tan característica de este periodo de la vida, desaparece de mi manual. Cada viejito que se tambalea al son de su cayado, cada esputo que da la bronquitis en este tiempo, o la propia compasión que se desprende de acompañar a alguien a cruzar la acera, se convierte en una pesadilla. Una pregunta obsesiva  nace:

-"¿Ya estás preparado para asumirla?".

143

- No sé

A finales de diciembre fui al cine a ver la película
Mr.Turner. Este mago inglés de la luz y las neblinas del siglo
XVIII aparece en escena bajo una fotografía humana de su
última etapa. Acepto que, cuando vi sus piezas en la Tate
Gallery de Londres, me imaginaba a un joven lánguido,
amante de sus poetas contemporáneos y capaz como
pintor de sostener la vida a través de sus telas. Si bien
como paisajista experimentó a diario la naturaleza, el
retrato de Mike Leigh, el director, es el de un hombre
abatido por la muerte de su padre, putero y que, en el
ocaso de su vida, ya postrado en cama y bajo el estertor,
niega "el fin".

A finales de los años 70, en mi país, las ciencias humanas
modificaron algunos conceptos relacionados con las
etiquetas sociales de ciertos grupos. Las personas con
dificultad intelectual pasaron a llamarse subnormales. A
continuación minusválidos. Posteriormente se les deno-
minó discapacitados. Las personas con perturbación
emocional de llamarse "locos" a personas con problemas
psicológicos o bajo enajenación mental. Y los ancianos y
"viejos", esta última, palabra muy querida en el lunfardo
bonaerense, adoptaron el tándem tan políticamente
correcto de "tercera edad". Mi ausencia larga del país
puede que, hoy, inclusive, algún término de los citados
haya variado su denominación. Pero el contenido y el
continente no lo han hecho. Llega un momento en la vida
donde esta etapa llega y hay que tomar partido: o te
postras o sigues bajo unas condiciones de realidad y
superación.

Ayer, gracias a un reportaje que vi en la televisión donde se
entrevistaba al mejor coleccionista de arte de Catalunya, el
octogenario farmacéutico Antoni Vila Casas hablando de sí
mismo, de su amor por la creación visual y de su país, si
bien no escondió que se tomaba un diazepam diario antes
de dormir desde los cincuenta, hizo un resumen vital de sí
mismo espectacular y, a la vez, autocrítico. Hablaba de una

técnica que le ayudaba a superar su dolor corporal y a la vez establecer su realidad cotidiana día a día: la escritura.

Pues bien, con ella me despido. After writing, que diríamos en inglés, uno entiende mejor "el fin" desde otro punto de vista. Y no interpreten que yo me refería a que me estaba imaginando la venida de La Parca con su guadaña... no. Sino de cómo concluir la segunda edad y entrar en la tercera.

Por cierto, con tanta palabra se me había olvidado tomar el Pantoprazole y el Lipitor para el colesterol esta mañana. Que tengan un buen día. Aunque sea bajo la luz afrodisíaca y temible del pintor Turner que hay en estos momentos al despertar el alba frente al mar en mi ciudad. Feliz Año Nuevo.

**Pdta.** Confirmo que, aunque estoy en Barcelona, me acompaña mi otra lámpara de Ikea en el acto a la hora de escribir este artículo. Objeto que da nombre a mi columna en Nagari.

# Dios, yo y EE.UU

01/06/2016

*A Liliana Castellanos*

## Existencia...

Son las dos del mediodía. Estoy en la consulta del Dr. Frank Buenaventura, en una dependencia del Baptist Hospital. Hay retraso en las visitas. En la sala de espera no hay una silla vacía. Adriano, un paciente que tiene afectado su estómago, requiere que le suban el volumen del televisor para distraer su permanente indigestión. En pantalla, un reality show de Telemundo. Una supuesta juez dirime un caso en conflicto. "Interesante esto. Una lesbiana en silla de ruedas se queja porque quiso suicidarse; nadie creyó que podía amar a una mujer. ¡Será posible! Suerte ha tenido que Dios la haya conservado a usted en vida para explicarlo". La administrativa del front desk, una joven recatada y tímida, cambia de canal asustada. "No, déjelo aquí por favor" le dice el hombre "veamos qué quiere esta tortillera. A ver qué determina la justicia en su caso".

Al cambio de emisora, Univisión, en su noticiero, anuncia un accidente automovilístico en la autovía 826. "Dios mío

146

bendito, qué desgracia" dice una señora que aprieta su crucifijo con el pulgar y su índice en señal de duelo: "El conductor está muerto. Dios lo habrá querido así". Adriano se dirige en español a la audiencia y, a viva voz, exclama: "Así es la voluntad de Jehová. Hablo con Él todos los días. Él ha evitado mi suicidio y de convertirme en un hombre vil...Yo era un fumador de crack y miren ahora. Estoy vivo y con su luz."

La gente de la sala se divide en dos: la que pone una atención especial al supuesto pastor. Y los que siguen, en este caso, observando a la ambulancia recoger el cadáver. Mientras escucho las palabras del "renacido", veo a la mayoría de la audiencia bajo la hipnosis de su discurso. Por momentos, la muerte penetra en vivo y en directo sobre mi cerebro con una frase: "voy a morir un día". A continuación, un interrogante pasa a gran velocidad:¿Con quién tendré que negociar cuando sea ceniza? .

Llevo tiempo que mi asunción como agnóstico en tierra americana me acompleja. El juramento a esta nación implica recitar "...one nation under God...". Cerca del 91% de los ciudadanos de este país son creyentes; yo estoy en el grupo de hombres y mujeres, dónde solo aparecemos en un dígito porcentual no superior al 9%. Apenas nos conocemos, ni nos hemos visto. Y algunos de los conversos, utiliza en contra de nosotros un adjetivo rojo y humillante: comunistas: "Todos los ateos sois comunistas".

La vida es un cuento narrado por un idiota con gran aparato, y que nada significa
**Shakespeare. Hamlet**

La distinción entre ideología política y existencial se omite. Además, los jóvenes de la llamada "generación millenial" abandonan la dicotomía del género. Dios no es masculino, como en la tradición judeo-cristiano-islámica, ni mujer como Shiva en la población hindú influida por el bahaísmo. El término "Energía Universal" como símbolo del creador de todo lo habido, lo presente y el devenir, se está imponiendo más y más cada día que pasa. Desde este nivel, lamentablemente, se me hace muy complicado el posible diálogo con lo no corpóreo.

Dios, a día de hoy, es un problema serio en mí: surge una necesidad de creer en Él. Una envidia del prójimo que conversa a solas y lo alaba. Y un enigma por encontrar su vocablo, si es que lo tuviese.

En 2012 mi amiga fotógrafa Silvia Martínez y yo iniciamos un testimonio documental llamado Dios habita en Miami. El proyecto consistía en visitar distintos templos religiosos de esta ciudad. Y entrar cuando la liturgia o el ritual estuvieran en pleno apogeo. Visitamos más de treinta instituciones entre iglesias, capillas, mezquitas, oratorios, salones del reino, sinagogas, ermitas...Desde la perspectiva católica y apostólica, baptista, cristiana sin denominación, mormona, ortodoxa pura, pentecostal, carismática, judía, lubavitch, yoruba, palera, musulmana, hindú, budista, hare krishna...

Cámara fotográfica en mano ella y yo con una libreta de apuntes en mi bolsillo, un objetivo tuvimos en común: percibir cómo el creyente integra al Supremo desde la familiaridad que otorga el estar reunido en grupo.

Preguntas. ¿Se recibe igual a Dios desde la intimidad que si lo hacemos en asamblea compartida? ¿Qué función hace el "guía espiritual" en la tierra durante la ceremonia ante los feligreses independientemente de su credo?

Aquella experiencia hizo que se eliminara una duda en mí: Dios existe... Sí.

Para los miles y decenas de miles de personas que acuden semanalmente a sus refugios sagrados: allí hay un Ser que les acompaña siempre y los reconforta. En aquel territorio comparten sus experiencias y lo alaban desde el canto, la palabra, el éxtasis, el mantra, el dolor, el arrepentimiento, el silencio o la oración.

## ¿Revelación a través de la palabra divina?

Yendo ahora al punto de disidencia conmigo mismo: quiero decir que no he podido conciliar nunca ni en ningún lugar santo, ni con ningún guía espiritual, la supuesta revelación de Dios a través de la palabra testimonial. Sea sacerdote, ungido, imán, o líder de una comunidad monacal.

Los santos escritos, provengan de la Torá (Génesis, Éxodo, Levítico, Los Números o el Deuteronomio). A través de la Biblia (El Antiguo y el Nuevo Testamento) desde sus epístolas o versículos. Organizado en sus azoras y aleyas desde El Corán. Los libros sagrados de los Vedas o el Upanishad hindú. Incluso el Sutra del diamante del propio budismo...me han servido para creer que "la palabra divina" se convierta en un acto de fe y un seguimiento axiomático, no sujeta a cuestión o a la duda razonable.

Muy al contrario, la interpretación sui generis basada en el interés y justificación de los deseos de cada creyente o los de una comunidad religiosa para oponerse a otra, pienso que ha prodigado a través de la historia, un sinfín de enfrentamientos. Inaugura la división frontal por reivindicar "la verdad del testamento revelado y divino" a través de algún profeta. Y sólo hoy, en contadas ocasiones, gracias a la educación, el respeto y la tolerancia se puede hablar de ciertos acercamientos entre las religiones oficiales a partir de contados líderes.

Si Dios es una segunda voz interior para que uno mismo crezca como sujeto propio y despierte en ti la seguridad, la autoestima, la aceptación o el valor del bien. Repito, si así es: díganme donde hay que firmar que lo hago ahora mismo.

Pero si para ello tengo que abrir la página de un libro sagrado —provenga de donde provenga- que me indique, desde la literalidad o interpretación obligada, que ésta es "la palabra de Dios". Y lo que dice "ahí" hay que seguirlo

149

desde la fe porque "ésta sí que es la verdad divina" revelada por el profeta susodicho que se otorgue...les pido por favor que me olviden.

A estos creyentes le sugiero que revisen las píldoras de su convicción y su felicidad...porque puede ser la infelicidad de otros y el enfrentamiento entre sujetos y comunidades de distinto pensar, con dioses que "revelan en ocasiones lo opuesto" el destino de lo humano.

Haciendo un símil con una paradoja que descubrí hace poco de Jacques Lacan que dice "La mujer no existe...solo es una a una". Deduzco y digo desde mi propia experiencia que:

"Sí... Dios existe, sin duda; pero para cada uno...y solo es UNO para cada uno".

## Conclusión

Soy de los que pienso que Dios no es "único e igual" para todos, ni con "un mensaje común" para el mundo; le pongan el sustantivo que le pongan. ¡Qué gran injusticia sería afirmar esto! Ni revelador de más verdad que la que usted pacte o "lea" de Él/Ella/o Ello para sentirse bien y en paz consigo mismo.

## Amén 1

(1) . Debo ser un aprendiz si cierro el artículo con esta palabra de origen semita (en hebreo, אמן, amén; en árabe آمین āmīn) que muestra respeto y admiración hacia lo divino. La creó primero el judaísmo. El cristianismo la adoptó después. E incluso el Islam hace gala de ella para decir desde todos los credos... "Que así sea".

## Dominus Domine

01/09/2016

Ir a visitar aquel hogar representó un descubrimiento. Una auténtica vivencia. No hacerlo, hubiera sido una opción que no me hubiese perdonado. Y fui.

**Kendall. Viernes 12 de agosto de 2016. 1 pm.**

Me abrió la puerta con su presencia y también lo hizo su relato interior. A la entrada, un salón grande y celosías de madera noble y pulida en las ventanas. La luz, con el hálito del mediodía aún. Alrededor, una colección de libros viejos, imágenes, dibujos, pinturas, efigies, objetos y figuras de todo tipo.

Una sala fetiche que atrajo miles de preguntas al que escribe. El contenido implícito que allí se exponía, daba para ocupar una tarde sillón frente a sillón. Y así fue...

En mis manos una sangría. Ante mí, el anfitrión con su paz y su bosque lleno de verde en sus palabras. Al fondo del comedor, su adorada mujer atareada en cuidar nuestro almuerzo. Adormecida en una mecedora, su anciana madre hacía un balance de su vida sin reconocer apenas quién era ella misma.

Me senté y me mostró un anuario. "Aquí está George Bush…estudiamos juntos en Harvard un MBA…Nada que ver con el origen republicano de nuestros antepasados de España. Mi papá quiso que siguiera su rumbo. Y me convertí en un empresario como él. Viví en San Juan de Puerto Rico antes de marcharme joven de la Isla. Castro nos llevó al exilio. Tengo mucha relación con España; es un país maravilloso. Por cuestiones de familia…te confesaré que mantengo una relación con la aristocracia por parte de mi mujer ja ja ja.Esta última interjección nada tenía que ver con el sarcasmo, ni la carcajada. Fue una sonrisa maliciosa con los ojos casi aguados mientras acariciaba su barba canosa.

Arriba, tocando el techo de aquel lugar sagrado, una mujer de campo observa extasiada el amanecer en plena siega con una hoz en sus manos. Los ocres se esparcen por su vestido de yute. Es un cuadro auténtico de Joaquín Sorolla.

Junto a él, Wilfredo Lam, con su geometría y sus formas esqueléticas flotando en el espacio azul cerca de otro maestro. Matta, Jorge Camacho, Portocarrero, la obras de sus contiguos. Una pieza de su amigo el pintor Heriberto Mora donde aparece él mismo sentado en una silla con una camisa de corte marino. Y sus propios trabajos en tapiz o serigrafía: una luna vestida en índigo e inspirada en La pietà. Y otra una figura humana en rojo donde se muestra un novicio postrado ante un supuesto altar, antes de ser ordenado sacerdote.

Debajo, en una línea horizontal, un Picasso. Un toro con alas circundado bajo las siguientes palabras: Los toros son ángeles que llevan cuernos. Cercano, un hermoso dibujo de Chillida. Y finalizando la serie, entre otros, Goya bajo un grabado original perteneciente a Los desastres de la guerra.

Acabada la presentación 'oficial', comimos albóndigas de vegetales, una ensalada de lechuga y ajo, y a continuación degustamos una exquisita tortilla de patatas. Yo llevé una tarta de manzana dutch y, a la hora del café, seguimos conversando mientras la tarde empezaba su trayectoria.

Más adelante, en un inciso, se levantó y fue a buscar un libro. A los pocos minutos tenía en mis manos una primera edición de El viejo y el mar firmado por Hemingway con un dato curioso: había una queja hacia el ilustrador de la portada por considerar el dibujo de un pescador con sombrero mexicano en el mar "Una españolada inglesa". Y en la dedicatoria a su suegro -amigo personal del escritor americano- una inscripción escrita por el propio autor en nuestra lengua que dice así textualmente: "Para Emilio este cuento del Viejo y La Puta Mar. Debajo, los Tiburones, Dictadores, y lo de demás hijos de tal y Viva nosotros y la Futura...de su amigo. Fdo. Ernesto Hemingway". Nota: la transcripción narrada es literal y respeta la propia sintaxis errónea.

Durante la estadía hablamos sobre la niñez y nuestras trayectorias profesionales. De Nagari. De un producto para el suelo que él ha creado –aparte de artista es químico- y que se llama Love the floors. Del Miami antes y después de Basel. De la educación de valores en EE.UU. La mujeres departieron respectivamente frente a un altar improvisado en la casa lleno de vírgenes antiguas. Hablaron de la Inmaculada, o de la emoción que tuvo al ver el hijo mayor entrar en la congregación católica como siervo de Dios.

**Una casa. Por primera vez...entras.**

Solo sabes que es un amigo quien la conforta. Alguien que cuida de sus muros y su gente. Que guarda lo mejor de su historia y parte de la Historia donde somos sujetos.

Algo así  fue como "la casa del señor"; y dejémoslo en minúscula, por respeto al Arquitecto, dicen los hermanos masones.

# Mujer y saber

01/04/2017

*La mujer no existe: es una a una.*
**Jacques Lacan**

*A las mujeres que se cultivan por sí mismas.*

Cuando saboreaba durante mi niñez caramelos de fresa adosados a un palo, un "hombre culto" era, antes que nada: un hombre. Un adulto ya mayor con una pipa apagada en su boca, una barba grisácea, un libro negro con letras doradas en su mano derecha y una biblioteca enciclopédica al fondo. Pues bien...esto era ser culto: ser masculino primero y después aparentar lo erudito.

Durante la primera lección de Humanidades, mi profesor remarcó de Platón lo siguiente: "La filosofía es un silencioso diálogo del alma consigo misma en torno a la voz del ser". Mi compañero contiguo de pupitre me dijo "Esto no es para nosotros...es demasiado culto. Venga...vámonos". Qué femenina había sido aquella respuesta. Pensé en mi alma equivocada y maniquea de un alumno que asistía a una

154

escuela religiosa.

**It touch me.**

Esta manera de abordar el ateniense la vida, me conmovió. Conversar solo con los dioses del oráculo, no bastaba para justificar y entender la razón por la cual uno ocupa un lugar en este mundo. El universo que encierran las ideas siempre estuvo en mi bolsillo de la camisa en forma de libreta. A partir de aquí todo lo cuestioné; hasta el papel del hombre en la sociedad. Mi interés por la cultura me ayudo a abrir la mente hacia el mundo de la mujer y la problemática que encierra en sí mismo serlo.

Un día vino a comer una amiga de la infancia de mi papá por Navidad. Vivía en Boston y ejercía de profesora de matemáticas en un college. El comedor y la cena se vistió de gala. Mi padre sacó un vino rioja de su bodega y la obsequió con este regalo en la copa. La mujer iba armada con un revólver bajo el hombro –sí; nada común en la España de la época- y protegida por un hombre más joven que parecía ser su marido.

- Es un Marqués de Murrieta del 64 ¿a qué sí?. Una añada excelente" dijo Asunción Valls.

Durante la conversación, de su boca salió la Lolita de Nabokov, el fin de la injusta guerra del Vietnam, la nueva generación de Hollywood, uno de los grandes...el director Peter Bogdanovich, Dennis Hopper, John Cassavettes o el renacimiento del Soho en Nueva York como distrito del arte.

- Cuando éramos pequeños me dijo que quería casarse conmigo; mírala, ahora hace el ridículo con un mequetrefe que nació quince años antes- dijo mi padre al finalizar el ágape.

Mi mamá, que era directora en una pequeña y humilde escuela de costura, le contestó: "No te engañes, ni tú sabes qué le pasa al profesor Humbert después de que Lolita lo abandonase en la novela; ni has visto Easy Rider en el cine con Peter Fonda; ni entiendes qué sucede ahora en La Gran Manzana. Mi madre, todo y la mala gramática castellana en su escritura, amó apasionadamente el conocimiento desde siempre. Visitaba el Arcadia durante las sesiones matinales de cine independiente, y leía los best sellers de la editorial Planeta.

Cerrando la hipótesis: una mujer podía ser culta. Una mujer podía tener una cultura independiente, y nunca mejor dicho, "cultivarse" a sí misma.

Llego a EE.UU veinte años atrás, y me hago una pregunta desde la metáfora absurda ¿Dónde se emborrachan los poetas en Miami?. Una muchacha que odiaba el término "poetisa" y huyó de la ciudad para dirigirse a San Francisco me dijo: "Aquí no hay cafés ni tertulia pero podemos embriagar a "la biblioteca" de mi casa...que es mujer como yo, y a la sumo, nos va a recitar algunos versos de Sylvia Plath o Alejandra Pizarnik."

Yo he amado a ese tipo de mujeres durante el periplo de mi vida como sujeto. A la mujer que ha defendido su efigie feminista. Haya habido título universitario de por medio o no. Nacidas en Galicia, en el barrio de Horta, en la calle Capitán Arenas, en Iruña, Canarias, Cuba o la mismísima ciudad de Badalona. Mujeres que con la simple curiosidad por hacerse preguntas acerca de quiénes son y qué hacen en este planeta hemos compartido juntos cama, auto, tareas del hogar, viajes, dinero, compras, disgustos, cine, arte, té, café o una copa de vino. Mujeres hablando de mujeres. Sobre las dificultades que encuentran con el otro género a la hora de medirse a sí mismas. Conversando sobre el recorrido filosófico de Rosa Luxemburgo a través de sus escritos.

Dentro del cosmos de Anaís Nin y su padre. Dirimiendo sobre la relación abierta de Simone de Beauvoir con Jean Paul Sartre. La contemplación de Hildegarda de Bingen,

Hannah Arendt, Mendieta y sus féretros bajo el subsuelo. El mundo mágico de Kahlo consigo misma y sus amantes. O Louise Bourgeois y su semiótica en todo lo que traza. María Callas, Meryl Streep. O simplemente preguntarnos porque Lucía Berlín escribe sobre su alcoholismo y Anne Sexton, en cambio, poetiza El último remar hacia Dios antes de quitarse la vida con el monóxido de carbono en el garaje de su casa .

"Estoy amarrando mi barca de remos / al muelle de una isla, llamada Dios".

**Anne Sexton**

Mujeres que almacenan intuición y saber. Se cuestionan. Indagan. Se cultivan y atracan en tus aguas dóciles o revueltas según el periodo de sus vidas y luego siguen o se van. Pero nunca decir " mujeres al fin y al cabo". Nunca.

## La naturaleza y septiembre

01/10/2017

*A la gente de Florida, México, El Caribe y Catalunya*

"Terremotos o huracanes. Ninguno de ellos son castigos contra la humanidad. La naturaleza no es un Dios vengativo y rencoroso buscando repartir justicia a todos por igual. La naturaleza simplemente es naturaleza" Wiccazul

**Irma**

Los que tenemos cierta edad y somos fans del cine de los 40, este nombre tiene un precedente, Irma la dulce. Una hermosa y divertida prostituta de los barrios bajos de París -Shirley Maclaine- arrasa a sus clientes bajo la seducción y el alcohol.

Pues bien, algunos atributos de este film tuvo el huracán del mismo fatídico nombre . Si bien su belleza fue lóbrega y destructiva a su paso por el Caribe. El ron, tequila, whisky o el maldito vodka hicieron de las suyas en los liquore stores, abandonando los estantes en manos de sus compradores.

Irma, hoy, es un sinónimo claro de hecatombe y nunca irá asociado a la dulzura y al sol que evocan nuestras islas y nuestro territorio.

Apareció en una pequeña nota en El Nuevo Herald, una semana antes que descargara su omnipotencia. Y una cita de alarma cuando, hojeando la web del Centro Nacional de Huracanes, vimos aquel jueves de la semana que llegó, el mismísimo ojo sucio con fuerza 5 proyectando una línea direccional hacia el estado que Ponce de León descubrió.

¡Gluups! "Esto va en serio" me dije. Irma está aquí.

Hay una necesidad de salir e inhalar el oxígeno al final de su paso; unas imperiosas ganas de "ver" qué ha sucedido.

La avenida de Le Jeune en Coral Gables está colapsada por la inmensidad de árboles muertos en medio de la calle. Brickell inundado por la subida de la marea. La oscuridad es un tercer protagonista. Algunos vecinos y vecinas salen con sus linternas iluminando a ningún lugar. Pocos inician sus tareas frente a los escombros. Una mujer en la calle 15NW tiene sus dos manos tapándose las pupilas. Tercia el cuerpo hacia abajo, e implora varias veces un "¿por qué a mí...?". Una vetusta ceiba, aplastó el techo del hogar donde habita. No hay oraciones a San Lázaro ni a Ochún...solo quietud. Los Cayos destrozados y la parte oeste del estado también. La maleza vegetal aún se acumula en las calles. Pero Miami sigue p'alante como dicen los cubanos.

**Terremoto en México**

Estábamos todos saliendo de los destrozos del ciclón en Florida cuando una amiga mía que vive en Los Ángeles puso en su Facebook, un día antes de la mortalmente tragedia, lo siguiente: "Tengo miedo que esta noche haya un temblor en el área; no puedo dormir". Aún faltaba por llegar lo peor en la falla de San Andrés.

Las primeras imágenes vinieron, desde el canal Televisa. El

mismo día de la gran hecatombe en 1985. La locutora decía "parece que hay un pequeño temblor; pero seguimos". Al cabo de un instante el estudio se queda a oscuras y en directo se oyen unos "¿Estáis bien todos?". Al momento, empezamos a ver personas huir de sus espacios y observar un lúgubre baile de edificios. Saltar la luz de repente y entrar en la oscuridad. Una mujer en el dormitorio de su casa se pregunta "¿qué es todo esto?". Un trabajador que conducía camino hacia su hogar se detiene a escasos dos metros de un puente; ante sí, un barranco con una caída de 50 metros por la rotura de un puente. En plena capital, una escuela aplastada por el sismo y todos sus alumnos adentro en espera que la brigada de rescate aparezca.

Sirenas. Pavor. Señales de emergencia invitando a no encender cerillas o tabaco para evitar explosiones de gas. Aviso de calma y solidaridad para compartir cobijo o ayuda si fuera necesario. Twitter y retwits. Grabaciones íntimas en cada casa colgadas en facebook o instagram. News y más news en las pantallas de televisión. Llamadas a los amigos y amigas residentes en la capital azteca: "Estáis bien...reportaros por favor".

**María**

Recuerdo hacer bromas con el nombre de José, el huracán, y María, el huracán. Y decir qué si de todo esto iba a salir Jesús, la Biblia habría errado en sus nombres sagrados.

Una nota de El País del 9/21/17 decía así.
"Lluvias torrenciales, ríos y embalses desbordados, marejadas ciclónicas, oleaje desatado, hogares destruidos, árboles por los aires, ventanas estallando, 100% de las casas sin electricidad y problemas generalizados de telecomunicaciones. El ojo del huracán María ha atravesado Puerto Rico con sus devastadores vientos de más de 200 kilómetros por entrando por el sur a las seis de la mañana hora local y saliendo por el norte pasado el mediodía, dejando la red de carreteras bloqueada y en suma un caótico panorama general. El gobernador Ricardo

Rosselló ha pedido al presidente de EE UU que declare la isla "zona de desastre" y ha ordenado el toque de queda para la población hasta el sábado."

Pero soterrada a esta realidad, ha habido otro contexto. El tejemaneje entre la administración de Donald Trump. Una disputa política por si la ayuda recibida ha sido la correcta o no. Y otra perteneciente al propio gobierno de la isla: la deuda adquirida por este país libre y asociado a EE.UU.

**Un huracán político llamado Catalunya**

Acabo de recibir un correo electrónico de mi gran amigo Joan Ramón en Barcelona. "Amic, avui a Barcelona, prop d'un mil.lió de persones han cridat . "No tinc por, volem un referéndum ja el 1 d'octubre" (Amigo, hoy en Barcelona, cerca de un millón de personas han salido y han dicho "No tenemos miedo...Referéndum el 1 de octubre")

Busqué en Google desesperadamente el canal de TV3, la web televisiva de mi país, Catalunya. Contrasté los titulares de distintos periódicos del estado español. Recibí cantidad de fotos que emitían pacíficamente una procesión de gente habitual con el corazón abierto y una consigna: "Volem votar" (Queremos votar). A la mañana siguiente una réplica de órdenes judiciales, querellas y amenazas hacia la mesa de El Parlament aparecía en escena. A los pocos días, tres barcos para albergar más de ocho mil policías y guardias civiles venidos de toda España aguardan en el puerto para intervenir como fuerzas del orden: las mesas electorales, las papeletas de voto y las urnas del día 1 de octubre. Movilización del mundo soberanista e independentista para poder votar. Repercusión de la noticia en los medios internacionales. Rabia y dolor entre la mayoría del pueblo catalán decidido a ejercer por sí mismo su democracia y también la respuesta ultranacionalista por parte del estado español.

¿El resultado? lo sabe usted lector antes que yo.... El que le escribe cerró este sábado 30 de septiembre su columna.

## Conclusión existencial a lo acontecido

La naturaleza y su cambio, surgen veloces del desequilibrio interior entre sus capas o los que su manto externo produce al entrar en la atmósfera de la Tierra...Pero como dijo un filósofo anónimo en el siglo XVI "Hay otra naturaleza; la naturaleza humana. Y ésta si que su control, depende de nosotros. Y sólo nosotros somos responsables; no Dios".

Como decíamos en mi juventud: Todos estos fenómenos a finales del verano...traerán un otoño caliente.

## La depresión.
## Tragedia, realidad y arte de un estado interior.

01/04/2015

Tardé tres días antes de abordar esta columna. La razón: he reflexionado sobre la catástrofe aeronáutica de los Alpes y las motivaciones que se apuntan a su causa por parte del copiloto. Segundo, no he podido olvidar los primeros síntomas cuando tuve mi primera depresión hacia los veinte años antes de registrarme al servicio militar obligatorio. Y por último, he recordado la aportación al arte y la literatura de esta enfermedad.

Situemos primero la tragedia como una de las consecuencias de este sufrimiento humano en primera instancia.

### Tragedia Social

El diario El País 24 marzo 2015– Un avión de la compañía Germanwings se estrelló hoy en el sur de Francia con 150 personas a bordo. El Airbus A320 despegó a las 10:01desde Barcelona con destino a Düsseldorf . Por causas que hasta ahora se desconocen, sin embargo, el avión abandonó la altura indicada al llegar a los Alpes un minuto después, y comenzó un descenso que duró ocho minutos hasta estrellarse en las montañas.

A día de hoy 28/3/2015 ya hay un posible culpable, Andreas Lubitz. Y una causa aparente pero no confirmada: una depresión escondida y no declarada a la empresa Lufthansa de este copiloto, posiblemente lo llevó a cometer un suicidio extendido. Han hablado la novia que lo había abandonado y afirma que sufría gravemente de esta enfermedad. Una amante provisional, una azafata que compartió varios vuelos con él, dijo que en más de una ocasión, él le había dicho que "haría algo que cambiaría el mundo y su nombre sería recordado".

Por otra parte, el diario barcelonés La Vanguardia dijo el jueves pasado: El Presidente catalán, Artur Mas, ha apuntado que "el accidente del Airbus 340, si se confirma la hipótesis, ha sido un crimen, en toda regla". "Ahora hace falta que estemos al lado de las familias y amigos". A continuación, se ha sumado al "llamamiento de las entidades de salud mental, porque no se puede asociar el accidente a la depresión.

Los familiares de las víctimas, van acudiendo al lugar del accidente. Un pequeño monolito cercano a la población Seyne-les-Alpes les permite iniciar el duelo. Otras depresiones, probablemente, se desencadenarán entre estas personas. No todas. Por supuesto. Unas serán tratadas apropiadamente bajo tratamiento psicológico. Y otras asumirán la realidad y el dolor interior vivido por la pérdida, como parte de la pertenencia a la especie humana a la que representamos.

Pero la depresión es una vivencia interior y necesita de un relato. Déjenme que les cuente un suceso particular que puede ilustrarles a grosso modo sobre cómo puede desencadenarse. Aceptando, desde un principio, la unicidad y rechazando la generalización.

**La realidad depresiva**

Es evidente que descarto globalizar el término por lo

subjetivo y particular y voy a hablar de la mía. De mi realidad. Es decir, la realidad-depresiva que viví hace un tiempo. Cito. Año 1974. Barcelona. Estaba en el cine mirando Lucía, una película de Humberto Solás que habla de la evolución de la mujer a lo largo de la historia de Cuba. En una escena donde Lucía, bajo el delirio, recorre las calles repletas de barro mientras huye de la represión que vive su país, le digo a María José. "Vámonos... no puedo estar aquí". A la salida de la filmoteca mi compañera me preguntó "¿Qué te ocurre? " Y yo le contesté "No sé... me siento extraño...como si no estuviera en mí...no me siento yo... me falta el aire....como si hubiese un vacío en todo...creo que me voy a morir...Estoy muy asustado María José...Nunca había sentido lo que he sentido ahora...nunca". A continuación, empezó un sollozo sin capacidad para detenerlo, y me abracé a ella con un sentimiento de impotencia. Así empezaron mis primeros síntomas. Estuve varios días encerrado en casa en, en un habitación semioscura, con temblores y un sentimiento extraño.

Durante la semana, llamé a mi antiguo profesor de Psicología de grupo de la escuela de Educación Especial donde había estudiado, el psiquiatra Joan Palet –en paz descanse-. Y al cabo de unos años, en busca de mí mismo y de las circunstancias que me llevaron a no saber quién era ni qué quería en la vida después de un largo viaje en bicicleta por la Península Ibérica, entré en el diván. Es decir, acepté el proceso psicoterapéutico de desbrozar lo que había empañado mi "realidad" vivida, desde el engaño y la fantasía hasta aquel momento. La famosa "cura", desde el punto de vista psicoanalítico, consistió en no evadir el dolor cuando éste aparece ante circunstancias reales. Ni repudiar el gozo cuando, el mismo, sale de tu esfuerzo u acontece bajo los mismos parámetros de realidad justificada. En conclusión, había examinado durante cinco largos años de psicoanálisis dos realidades: la propiamente dicha "real" que sentaba las bases para vivir en plenitud. Y la "falsa realidad" creada a partir de un narciso interior que no paraba de mirarse al río de lo que soñaba ser, desde el lado imaginario y lo irreal. Un "yo" que me había llevado a una tercera realidad llamada: "realidad depresiva" donde todo a tu alrededor no tiene sentido, en ciertas épocas que dura la crisis, y que, en circunstancias extremas, te puede llevar hasta el propio acto del suicidio.

Aquí el papel de la depresión adopta un proceso de conformidad y resolución del conflicto por el cual un sujeto –yo en este caso- vive en su carne sus propios demonios, y desde la lenta bajada hacia el suelo del día a día, conquista su equilibrio vital.

Hablemos ahora de una vertiente de la depresión que ha dado resultados inimaginables cercanos a Dios o la propia muerte por su beldad y que están estrechamente ligados al campo de la literatura, el arte o a la propia filosofía.

**Arte y Depresión**

En La depresión y el proceso creativo el profesor Rodrigo Morales García de la Universidad Veracruzana, en su web Ciencia y Tecnología, cita a Aristóteles en el comienzo de su artículo en el conocido Problema XXX "¿Por qué razón todos aquellos que han sido hombres excepcionales en lo que concierne a la filosofía, la ciencia del Estado, la poesía o las artes son manifiestamente melancólicos?". Aún no hay respuestas ciertas, ni concretas, ni científicas que corroboren una afirmación con la pregunta del filósofo griego.

Siempre me he preguntado qué es la Belleza. O con mejores palabras y más actualizadas en el contexto de hoy: "Qué es la experiencia estética". Qué determina que alguien se detenga ante unos versos de un poeta maldito como Leopoldo María Panero Me palpo el pecho de pronto, nervioso, /y no siento un corazón./ No hay, no existe en nadie esa cosa que llaman corazón/sino quizá en el alcohol, /en esa sangre que yo bebo y que es la sangre de Cristo. Una tela como las de Turner, llena de neblina y delirio como El incendio de la cámara de los Lores 1935 o el estallido de un hundimiento como en El naufragio. Un título de un film como Amour de Michael Haneke o Melancholia de Lars Von Trier donde el dolor por amor y lo improbable adquieren valores de lo sublime. Una imagen desgarradora como las que plasmaba la fotógrafo Diane Arbus, en el Central Park Niño con una granada de juguete en la mano (N.Y 1962). Una melodía determinada como la que transmite Gustav Mahler en el Adagietto de su 5 sinfonía en manos de Von Karajan, por ejemplo. Un edificio desde la catástrofe como El anfiteatro romano de El Jem en Túnez. Un cuento como Las ruinas circulares que escribía Borges, Lo cierto es que el hombre gris besó el fango/…/se arrastró, mareado, ensangrentado hasta el recinto circular que corona un tigre/…/que tuvo alguna vez el color del fuego y ahora el de la ceniza. Ejemplos claves y variados para entender el sentir poético, profundo, particular y trágico en el arte y la cultura. Algunos creadores se suicidaron como Diane Arbus….otros cayeron en la locura más extrema como Leopoldo María Panero. Unos pocos, como todos sabemos, sufrieron más de la cuenta para llegar a sus fines creativos como Mahler con sus problemas de corazón, o JL.Borges con su ceguera.

Bien hemos llegado al final. Este articulo no asume ninguna conclusión. Pero tiene como punto: objetivar. Es decir, no herir. Ni culpabilizar. Ni muchos menos elogiar una enfermedad por posibles vertientes que se puedan derivar desde la exaltación de lo creativo cuando se está bajo su efecto. Todos, posiblemente algunos de los que hoy están leyendo ahora este texto, han conocido desde su propia trayectoria o alrededor suyo, personas que han sufrido algún tipo de depresión en sus vidas. A ellos va dirigido este artículo; desde la esperanza y sin trampas "positivistas" o mesiánicas Pero con la convicción de que sí hay soluciones, no precisamente rápidas, pero si compartidas y útiles. Adaptadas a la realidad que ha vivido cada uno con sus contrariedades.

He coexistido con la depresión. Me he extasiado con los resultados estéticos de ciertos creadores bajo los efectos de esta enfermedad en ciertas ocasiones. Y, a la vez, me he entristecido y enrabiado porque alguien que negó su condición de enfermo, en pos de conseguir "sus sueños de grandeza" como Andreas Lubitz, puso a 150 personas a dormir para siempre en el paraíso de la Nada...sin duda es lo menos que pudiera decir un agnóstico como yo sobre el tema. Un recuerdo para ellas, las víctimas y a todos los que sufren. Sea cual sea su condición.

# Lo negativo del pensamiento positivo

31/05/2013

Recuerdo perfectamente mis cincuenta y tres bofetadas que el hermano Arévalo de la Congregación Marista implantó en ambas mejillas para que nunca olvidara en quinto grado que, eran cincuenta y tres, las provincias españolas. Hoy las podría recitar de memoria empezando por La Coruña y finalizando en la parte más al sur, Cádiz. Efecto positivo: Sigo amando los pueblos ibéricos y entendí el concepto de responsabilidad para con mis superiores.

Otro ejemplo. Un policía puso en mis hombros sus manos al grito de "queda detenido". Había faltado al séptimo mandamiento de la ley de Dios, a la edad de once años, en el centro comercial de El Corte Inglés de Barcelona. Sin duda, la amenaza que mis padres se iban a enterar que había sustraído el jaguar en miniatura donde James Bond defendía a la corona británica, me impactó a tal punto, que nunca más robé en un establecimiento comercial como ciudadano. "No lo voy a hacer más comisario"... después de un pequeño interrogatorio y un caudal de lágrimas, me soltó. Efecto positivo: Unos años más tarde, entendí el concepto de ética y propiedad privada y, afortunada o desafortunadamente, abandoné la religión católica y me fui a vivir a una comuna.

La primera vez que una mujer me dijo que no había hecho el amor en su vida -recuerdo celestialmente su nombre, Montserrat- puse todo mi empeño humano en el respeto y la ternura para que ella se sintiera bien en su primera experiencia, tal como años anteriores, Bernardette Hume, mi primer amante  francesa- me enseñara en tan solo una noche, lo que un hombre debía, o no, hacerle a una mujer en el lecho.Efecto positivo: lección aprendida para el futuro con las mujeres.

Podría seguir así indefinidamente hurgando en pequeños detalles que uno vierte o alimenta de su propio yo, y que permiten ir configurando el mapa de las satisfacciones o la culpa de lo qué somos y de quiénes somos a través de múltiples experiencias que la vida nos depara. Momentos donde la felicidad reina en ti y otros donde el vacío y la tristeza se apoderan dejando que el factor tiempo o la reflexión, las solucione según la gravedad o acierto de los hechos.

**Final del milenio**

Pero un día, coincidiendo más o menos con mi entrada en los EE.UU, hacia las postrimerías de los años 90 escucho del público frases como ésta: "Piensa en positivo... muchacho". "Oye, tú no puedes ser tan crítico con la gente, sé más positivo en la vida". "Si tomas una actitud positiva ya verás cómo se te van todos estos malos pensamientos de la cabeza". "Si estás mal contigo, dite a ti mismo que lo vas a conseguir y seguro que lo consigues; sé positivo..."

Y es que, en aquella época el psicólogo Martin Seligman de la Universidad de Pennsylvania y antiguo director de la Asociación Americana de Psicología, había afirmado que la psicología oficial había dedicado demasiado esfuerzo en tratar lo negativo y patológico de la personalidad de los seres humanos. Más que hacer hincapié en valores como la creatividad, el humor, la resiliencia o la felicidad...se había detenido en comprender sus mermas.

Se abre, así, un nuevo campo y se relega otro con más o menos acierto como el de los behavioristas, el ámbito del psicoanálisis, la gestalt, o incluso la corriente humanista de Carl Rogers o Maslow, la cual algunos consideran a estos últimos, como los padres de esta nueva corriente. Hasta aquí todo bien la historia de la ciencia. El devenir y pujanza de los nuevos descubrimientos , bien requiere su espacio y su tiempo de aplicación.

Pero de la misma manera que cuando se popularizó el psicoanálisis la gente pensaba que sus problemas sexuales desaparecerían con el tratamiento del inconsciente. Que con tocar decenas de cucarachas, según los behavioristas, se evaporarían las fobias a los insectos. Que aplicando las estructuras cognitivas del conocimiento humano seríamos sin duda, más inteligentes de la noche a la mañana. O con solo implementar un juego de roles de los gestaltistas la gente sería más comprensiva con "el otro". La Psicología Positiva iniciaba su decadencia con un sinfín de malas interpretaciones.

**¿Qué ha pasado con los malos entendidos de la psicología positiva?**

Empezaron a emerger como flores en primavera libros sobre la felicidad permanente, la inteligencia emocional, las virtudes y habilidades escondidas que tenía cada uno. Libros sobre el optimismo, la salud imperecedera. Libros antiestrés y de bienestar psicológico. Libros sobre el placer y el estímulo emocional de los sentidos. En fin, libros de autoayuda hasta la saciedad para conseguir este estado imperecedero donde todo es un nirvana y hasta la desdicha una oportunidad bendecida del cielo. Nota. (Ahorro poner citas de autor y títulos por si las moscas)

Algunos confundieron la realidad pura y fértil con el paraíso permanente. El dolor, con una sensación imaginaria que podías eliminar cuando tú mismo lo decidieras. El tiempo de duelo, con el tiempo de cambio inmediato. Sentimientos interiores como la rabia, el odio, la envidia, o la desidia, ya no como sentimientos negativos  -...que por supuesto lo son-  sino que empezaron a negarlos en sí mismos obstruyendo, así, el proceso de maduración que requiere el hecho de interiorizarlos, reconocerlos y actuar sobre ellos. Se adujo además la aceleración del tiempo para todo en pro de los "objetivos positivos". Y hasta muchos olvidaron las etapas de crecimiento que todo ser humano necesita, para adquirir sus propias respuestas ante sus problemas. La trivialización y negación de la realidad llegó hasta tal punto que – hablo desde el tópico pur para ridiculizarlo- que la felicidad "o es en todo momento o no será".

**¿Y ahora qué?.** Pués ahora ...la vida

Hoy, tengo un dolor de ciática bastante intenso. Y el tema es que no puedo tomar antiinflamatorios porque me sube la presión (...voy a ponerme hielo a ver qué pasa). Tengo mal humor. Me siento un poco preocupado: no sé si podré entregarle todo lo que me propuse el martes a mi director de publicaciones. Creo que iré al Súper Navarro y me compraré un Lindt de naranja amarga con un 85% de cacao y una botellita de ginebra Hendricks para tomarme un gin-tonic, como Londres determina. No sé, ahora que lo pienso, mi hija hace un tiempo que no me habla "no debo estar haciendo las cosas bien", me digo. La verdad es que algo de culpa ronda en mi pecho. Por cierto: Qué tarde más hermosa fenece a través de los cristales.

**¿Qué hacer?**

Lo siento, tengo que consultarlo con mi wikipedia blanca esta noche. Se llama almohada. Ella, vestida de algodón y alguna lágrima mía, a veces, me invita a dormir y otras a meditar lo ocurrido. "¡Sé positivo me digo... acepta las cosas cómo son y vienen!". Es decir, jodidas y fascinantes como el dolor de espalda en este segundo, o la textura amarga de la piel de naranja en el chocolate que me acabo de comer. ¡Salud!

# 8  El oficio en la era Internet

# Lo digital

01/06/2017

*A mi amigo José Manuel Domínguez*

Fue al principio lo analógico. El sonido que definía un long play (LP) antes de la aparición de un DVD (Disco Versátil Digital). Los músicos amaban el infinito y la voluble acústica que da esta tecnología. El plato con la aguja de diamante. Los altavoces impartiendo desde la claridad las notas de un piano clásico o la cercanía a tu oído de las cuerdas graves del contrabajo. La radio, o la televisión sostenidas por este sistema donde, a veces, hasta se fundían las lámparas que lo alimentaban.

Después apareció de repente el sistema digital. Eléctricos espacios. Diminutamente iluminados. Atómica división en todo. Cuando ya la lupa no era necesaria para demostrar sus leds incorporados, vino la alta definición. El sistema digital se adhiere a lo cotidiano; se hace imprescindible. Nadie lo cuestiona. Digital fue la sustitución del sello de correos y su hermoso remitente por un email a través de una computadora. O la organización interna del propio Windows o el diseño, en sí mismo, de un ordenador Apple.

**Nota**. Pido disculpas a los ingenieros de comunicaciones

por la mala explicación divulgativa del paso "a" al "b". Es nostálgica e inconsistente. Lo acepto.

**¿Todo esto para qué?**

Las redes sociales están aquí. Lo digital es lo inmediato. La información del yo y del Otro en el mismo instante y con tremenda claridad visual o auditiva. Mi experiencia me dice, que lo que empieza a removerse es la palabra desde la oralidad. Hoy ya es mínima con tus contiguos. La modulación del dolor o el éxtasis a través del auricular de un teléfono apenas es un hecho. Si descarto mi línea directa y ágil con mi familia en Barcelona, solo los términos desde la escritura pura –...no por ello devaluada- es la que impera con el resto.

La carta ha desaparecido. Y doy por sentado también, que la cabecera de mi época en el papel con la frase inicial "Querida amiga..." hoy está sustituida por fórmulas más directas. El relato interior desaparece en busca de lo concreto. Este apartado mismo, dentro del artículo, sería un ejemplo. La puntualización a través del asterisco en las comunicaciones personales o de trabajo, un modelo.

En facebook la gente ha cerrado su espacio para compartir información. Una de las famosas bases de esta app, era conllevar la misma empatía a alguien y hacer partícipe a otros del conocimiento, el humor o la denuncia. Si bien es cierto que ha habido acoso de indeseados en tu ventana, también es de debida orden anunciar que ya uno pierde el interés de ir de visita "turística" a ver qué hace tu amigo más cercano. La política de esta empresa obliga a que haya mucha circulación con los tuyos y los nuevos que llegan, para beneficiarse de los ratings publicitarios con sus proveedores.

Instagram, es como suena: foto y foto; y ahora video tras video. Simplemente para anunciar lo bonito o bonita que estás hoy. Hicieron la competencia a Periscope, sin duda, e integraron el video directo. Twitter es la inmediatez. Y en estos momentos -desde el infortunio- está asociado a dos hechos: un presidente incapaz de comunicarse de tú a tú con la prensa de su país porque considera que lo que se publican son fake news . Y en el campo de la farándula, en cambio, solo sirve para saber qué razón hay hoy para decirte que "te deseo más que a la Kardashian porque le he visto su celulitis en una foto" en 140 caracteres. Si bien es cierto que en casos de terrorismo ha servido para buscar víctimas o localizar a depravados que utilizan la libertad de expresión que nos ofrece la democracia occidental para odiar y ser odiados. Whatsapp desde la privacidad aúna a grupos mayoritariamente afines durante tu infancia en el "high school"; a grupos de interconexión empresarial, o simplemente a la nueva tropa de amigos de tu entorno. Snapchat solo útil para que salga una lengua larga de tu boca, o que tu mirada aparezca bajo el velo de un puma. Linkedin, afortunadamente, la utilizamos desde el frío y lo concreto, para promoción profesional a secas...

**Conclusión**

No sé quién eres en este momento. No he apreciado de boca a boca lo que opinas. Aquellos comentarios junto a un café o una conversación informal en comunidad no lo hemos iniciado aún. ¿Quién está leyendo esto ahora? ...¿Por qué lo haces?

Para acabar, voy a hacer un cut and paste (spanglish made in Miami) que define la situación de un gran amigo mío a quién va dirigida esta columna y desde la protesta inteligente en su propio post escribió lo que viene a continuación...

Una figura muy popular en nuestra ciudad y actriz cubana de origen, se quejaba hace un tiempo que si ponía una foto de sí misma despeinada o recién salida bajo una sábana, le llovían los "likes" y los "love". En cambio, si anunciaba una obra teatral ya, el número de "likes" sufría un descenso vertiginoso; una caída mortal en el vacío. Y ni hablar de la suerte de los "loves". Ella también se preguntaba ¿por qué?

O el típico y tópico que nos cuestionamos muchos: ¿qué es lo que pasa en Miami, caballeros?
No es solo en Miami my friend es en todo el planeta. Es lo global. Eres lo que tu imagen provoca en ti no lo que tu pensamiento ofrece.

Volviendo a la primera oración de la columna: Qué bonito aquellos tiempos analógicos cercano uno al tocadiscos. Mientras un vino rioja o un tequila se derretían en tus labios. Escogíamos a The Doors, Carlos Santana o las sonatas de Vivaldi para deleite en una conversación con los amigos. Cómo el mundo se imbuía de nosotros mientras decides qué obra de Brecht ibas a ver por la noche. O, simplemente, si Crónica de una muerte anunciada de García Márquez era mejor que La ciudad y los perros de Vargas Llosa.

El tiempo pasa...nos vamos poniendo viejos.
Yo el amor no lo reflejo, como ayer.
**Mercedes Sosa**

Bien. Ahora les tengo que dejar. Lo crean o no, tengo 75 whatsapp del consejo editorial del grupo "nagarianos." Hoy cerré el teléfono para acabar este artículo. Parece una conjetura, pero es un hecho; una obligación bajo el yugo digital, por supuesto.

## Periodismo: antecedentes de un oficio

01/04/2016

## 1

No tenía más de siete años, el pantalón aún era corto y mis ojos radiantes por averiguar cualquier enigma. Mi abuelo, después de comprarme un helado de turrón y enseñarme el lenguaje del barrio aquel viernes, me cogió la mano y casi a empujones me introdujo en El Molino, la famosa sala de music hall en Barcelona. No entramos directo a la platea...sino dentro el camerino. Ante mí, unas lentejuelas y varias plumas sobre la piel de un bailarín. En la boca de una vedette -La Bella Dorita o La Maña, si no recuerdo mal- un carmín bien tupido. Cerca de los roperos, la luz aparecía baja; y luz directa, en cambio, sobre la cara de una stripper frente al espejo. Erizados como la punta de su pintalabios, unos pezones con un broche falso de diamantes. "¡Qué hace este niño aquí...sáquenlo¡". Alrededor, la ilusión por salir a escena de todo el cuerpo de baile. Entre bambalinas, observando a los espectadores a través del telón, vi algún que otro rostro de hombre con su baba en el dedo índice. A mi lado, un tramoyista acaricia mi cabeza y me sonríe: "¡Qué te parece este mundo eh!..¡dime qué te imaginas!". La respuesta que di ; la propia a esta edad: "Yo no sé ". A continuación, mi abuelo le da un beso en los labios a una mujer cerca del proscenio. Un corpiño negro, le sostiene sus pechos. Ella va maquillada con "harina", según sus palabras. Al cabo de un rato, pega un silbido con ambos dedos y abre sus cejas para llamar mi atención. Salgo corriendo. Hacia casa, mi abuelo me dice: "Éste es un circo distinto, no hay animales salvajes, sin embargo, hay muchas mujeres que se visten de payaso".

**Preguntas**

¿Qué pasaba en aquella habitación llena de bombillas en los espejos? ¿Por qué las mujeres usaban aquel vestuario para sentirse distintas?. Y más aún... ¿Me mintió el truhan de mi abuelo con aquel relato?

## 2

Un domingo cualquiera de diciembre. Años 70. Navidad cerca. En el Salón Gran Price de la ciudad de Barcelona hay un combate de lucha libre americana. Yo estoy sentado junto a mi padre. El ring está vacío completamente; la sala llena. Un micrófono desciende del cielo y el juez anuncia el espectáculo . "Señores y señoras a mi derecha El Demonio Enmascarado, Juan Galván. A mi izquierda el León del Barrio, Vicente Febrer". Al primero se le encienden unas luces púrpuras de su cabeza y le arropa un manto negro en sus hombros. La gente le silba y le espeta un sonado "Buuuuhhhh". El segundo viste un body de oro y una capa de pieles salvajes. Se coloca en medio de un foco cenital y empieza a rugir mientras se golpea los pulmones con el puño cerrado. El salón en pleno lo vitorea y lo aplaude. Empieza el combate. Los luchadores escudriñan el cuerpo del contrincante. Circulan alrededor en busca de la piel del otro. En un momento determinado, y después de varios intentos, el "león" agarra por la cadera a su oponente. Lo voltea. Coloca su espalda contra las cuerdas y lo lanza fuera de la zona de lucha. El público se alza en gritos: "!Mátalo!". El "demonio" cae a los pies mismos de una mujer que viste un abrigo de visón. El juez baja del ring y levanta la mano mientras sopla con vehemencia su silbato. Toda la primera fila lo abuchea "¡Al infierno; mándalo al infierno!". De una manera despectiva la señora se levanta; lo patea y le pone el tacón de su zapato rojo en la boca. Los espectadores no cesan de emitir sus aullidos y humillarlo "¡Dale...dale!". Se acerca al ruedo "el león" y con sus uñas se abre paso. El público de las primeras gradas se retira. Levanta a su satanás. Lo zarandea. Y le da varios cabezazos en la frente. A petición del árbitro regresa al ring. Alza con las dos manos su broche de oro de campeón. Y unas bragas del mismo color que el calzado de la señora se le enredan junto a su victoria de metal. Aquella mujer mira fijamente con ojos demiurgos a su as, y El León del Barrio escupe al suelo. En medio de aquel infierno de gloria y locura en oro, tomamos nuestras prendas y huimos de inmediato. Mi padre está feliz.

**Preguntas**

¿Cómo es que la mayoría iba a misa y sólo unos pocos, como mi progenitor y yo, "pecábamos" a las 12 del mediodía con aquel espectáculo bochornoso? ¿De qué manera un árbitro determina el valor del "teatro" en aquella pelea cuerpo a cuerpo? ¿Qué papel jugó aquella mujer en primera fila...y por qué se encontraba allí cómo parte del show defendiendo al "león bueno"?

### 3

Día 18 de mayo de 2007, Miami. Rogelio Diamond, profesor de comunicación en el Máster de Periodismo de MFU (Miami-Florida University) está impartiendo la última clase. Los estudiantes, distendidos con una coca-cola en la mano mientras comen unas empanadillas y alguna croqueta escuchan al profesor. Sentados en sus pupitres, pocos son los que toman apuntes. Hay una humedad latente. El agua de una tormenta que se acerca, pronto va a descargar su ira. Mr. Diamond se dirige a la clase: "Díganme...¿Qué interés tenía Truman Capote para que A sangre fría fuera narrada como una noticia de sucesos de trescientas páginas?". Un alumno se levanta para abastecerse de más soda y croquetas, y al acercarse, le dice "Profesor quedan pocos minutos para acabar el semestre…please". La gente no está prestando demasiada atención en este momento. Se oye como un murmullo. De repente, María Juliana Sónsoles una estudiante de San Juan de Puerto Rico le contesta…

"A la edad de 17 años mi hermana gemela y yo estábamos en la habitación; ella arreglaba sus blusas en el clóset y yo escribía en mi diario cerca de la luz natural. La ventana daba a la casa de enfrente. Allí vivía una pareja que tenía muchas plantas en el balcón. Él trabajaba en la carnicería del supermercado de la esquina y ella como costurera en un taller de tejidos. La tarde era hermosa y cercana al ocaso. Una vez acabó de regar aquella mujer sus flores, el hombre puso las manos en la cintura de su esposa y miró hacia el cielo, como si su felicidad y el universo tuvieran el mismo nombre. Yo describí aquella escena en mi cuaderno desde la añoranza por no poder vivirla en aquel instante. A los pocos segundos, unas gotas espesas surgieron de su boca, como un pequeño vómito rojizo. Yo pensé que era una herida de algún herpes en su labio y que iba a ser curada al momento por su marido. Pero no. No fue así. Él seguía con las manos entrelazadas a su cuerpo mientras la hemorragia ya llenaba toda su bata del hogar. La cabeza se dobló en el hombro de él y la cara se amorató. Estuve en silencio por un rato contemplando aquella escena sin ser advertida. Fui incapaz de gritar o avisar a nadie. Atónita, no pude apartar la vista. Al girarme, mi hermana me dijo 'todas tus blusas de flores están en el lado derecho y las mías las puse plegadas en los cajones de abajo'. A continuación cerré mi diario. Al cabo de tres días, el periódico El Vocero anunciaba en su página de sucesos el envenenamiento de Sebastián Orduña a su esposa. En su cartera encontraron un billete de avión hacia Santo Domingo para dos personas".

El profesor Diamond se sentó en un lugar vacío frente a María Juliana y tomando sus manos mientras le miraba a sus pupilas azules le dijo. "¿Por qué has escogido esta profesión?". Ella, con los ojos tan aguados como las gotas que ya salpicaban con fuerza el ventanal de la clase, nos dijo a todos: "No tengo respuesta...lo sé".

**Preguntas**

No hay

## 4

Recuerdo que Mario Diamond antes de cerrar la luz del aula nos dijo. "Si no se hacen preguntas ...será mejor que se dediquen a regar su jardín y abandonen el oficio". Ésta es la respuesta a esta profesión...preguntas y más preguntas

**Preguntas**

¿por qué desde siempre necesité respuesta...a todo?

The Facebook Times.

31/10/2014

Este nuevo periódico es recomendable para todo usuario que le dé importancia a la información. Nada se ha creado tan extraordinario en este medio que remodelar los nuevos géneros y secciones que hoy un nuevo periódico precisa. Yo les recomiendo que abandonen sus emblemas nacionales como The New York Times, El País, El Nuevo Herald, Le Monde, The Guardian, The Wall Street Journal... y se pasen a este nuevo periódico con nuevas ideas a parte de las ya conocidas. Además ahorra disgustos y, si los provoca bajo la denuncia, suenan mejor que en su versión de agencias internacionales como EFE, Associated Press, o Reuters.

En este momento mi amiga y escritora teatral colombiana Susi del Pozo "me informa" de la ñoñez de su perrito. Coloca una foto en primer plano de su mascota y aprecio su compasión y su sensibilidad. Muuuuah: un besito para el perro Ely...adiós. Esta información es interactiva: yo me puedo sumar a celebrarla o la puedo omitir. The Facebook Times puede reorganizar tu portada, no solo a diario sino al segundo.

La foto del día de hoy se la lleva mi amigo Juan Encías de Guanajuato al captar una instantánea en Hialeah donde se ve un banco de parada de autobús anunciando una módica rebaja en ataúdes justo a la vuelta de la esquina entre Le Jeune y la 44 st. No es una boutade que dicen los franceses, sino una realidad informativa precisa que puede sustituir, simplemente, a las instantáneas de Siria donde el Estado Islámico entierra las cabezas redondas de sus decapitados-no-conversos, como si fueran semillas de manzano en un jardín.

Sergio Salinas del Monte como buen articulista de deportes publica en esta sección un video donde un joven de 327 libras se ha sacado su camiseta de su equipo de béisbol para que en su piel se pueda leer la siguiente frase "Go Marlins ganaremos". La gestualidad punk y el círculo de caderas, ayudan a eliminar el pie de foto. Eso sí, permitiendo que puedas detener la cinta de video cuando sus pechos lecheros llegan al primer plano. Aclarar que no sabemos los jonrones que hicieron antes de perder.

Este nuevo diario ayuda a mover mejor la culpa, la indignación social, la tristeza, la ideología política, e incluso lo insólito, y la compasión animal. Tiene resortes para el miedo, el chiste fácil, es gratuito y recibes puntos a partir de los "likes" que le das a la noticia.

Es recomendable leerlo por la mañana y en todo momento.

**Nota**. Den like a este artículo de inmediato, muchas gracias. Esto ayudará a que un niño iletrado de La pequeña Habana pueda leer en el lugar donde habita. Es decir, que no se piense que porque el adjetivo va primero en la ciudad... La Habana pertenece a EE.UU.

## Aforismos and Company

31/12/2013

*No more words*

Desde que se introdujo en nuestra sociedad actual el modo obsesivo de teclear mensajes y enviar twiters a nuestros a amigas/os a través de teléfonos, supuestamente llamados inteligentes y sabios, la vida se ha convertido en un lugar de aforismos (...y a veces axiomas) para seres más pobres mentalmente hablando. Y es que es imposible dar lecciones contínuamente a la gente. De este modo, vamos a perder seguro el efecto justo de estas oraciones cortas y pequeños párrafos que con tanta sabiduría, nacieron a la hora de ser aplicadas.

El primero en utilizarlos fue Hipócrates para su incipiente tratado de Medicina. "El alimento que se da al que tiene fiebre durante su convalecencia le vigoriza de inmediato ; durante la enfermedad, le empeora". Conclusiones sacadas de la experiencia surgida durante el compromiso con los enfermos, y postulados después de largo tiempo de haber estado con ellos.

**Solo se ama**

Llega la Biblia y la palabra del hijo de Dios se extiende en forma de parábolas que tienen la misma función liberadora y pensativa en lo dicho. Lean un versículo según San Marcos «He aquí, el sembrador salió a sembrar. Y mientras sembraba, parte de la semilla cayó junto al camino; y vinieron las aves y la comieron. Parte cayó en pedregales, donde no había mucha tierra; y brotó pronto, porque no tenía profundidad; pero salido el sol, se quemó; y porque no tenía raíz, se secó. Y parte cayó entre espinos; y los espinos crecieron, y la ahogaron. Pero parte cayó en buena tierra, y dio fruto, cuál a ciento, cuál a sesenta, y cuál a treinta por uno. El que tiene oídos para oír que oiga". Este final resume la intención cuando alguien te envía un aforismo o simplemente se dirige a tus ojos para que lo recuerdes.

Llegan más tarde los adagios «Si algo puede salir mal, saldrá mal.» ( Ley de Murphy) basados en el lado negativo de lo que ocurre en este caso a todos. Los apotegmas cuyo fundamento es el humor; nacen con Cicerón y cogen su punto y contrapunto en este ejemplo que les muestro a continuación: una disputa entre Juan Antonio Perón y Borges. El primero dijo : «Los peronistas somos como los gatos, cuando parece que nos estamos peleando es que nos estamos reproduciendo». El que amó tanto los anaqueles y sus contenidos de la Biblioteca Universal le responde: «los peronistas no son ni buenos ni malos, son incorregibles».

Máximas tan célebres como "uno más uno son dos" que hablan siempre de lo evidente para dar enseñanzas al que quiera huir. Epigramas "El señor don Juan de Robres /con caridad sin igual/hizo este santo hospital.../y también hizo a los pobres." Juan de Iriarte, siglo XVIII; composiciones poéticas que hablan de la reflexión, o incluso bajo la sátira y que aclaran las consecuencias de un aparente "buen acto".

Para ir a la síntesis, nos dejamos aún figuras que sustentan esta tesis: refranes, proverbios, alegorías.... Y es que... de seguir así, la queja del primer párrafo -en broma en broma- ha calado inconscientemente, incluso en mí, al dar ejemplo de lo que no tiene que ser una reflexión sobre el pensamiento o las conductas en el día a día.

**if you want breakfast in bed**

Lo cierto es que han llenado Facebook, Twitter, Instagram, o Google + y uno, lo que hace, es jugar con ellos, más que nada, para a ver si así se cambian de una vez las reglas de comunicación entre nosotros, "los amigos". Lo mejor cuando son seguidos – a los aforismos me refiero- son el desmontaje. Ahí van dos ejemplos que mi amiga Yanisleidis me envió. Esta cita proviene del libro sagrado del Talmud: "Tu amigo tiene un amigo, y el amigo de tu amigo tiene otro amigo; por consiguiente, sé discreto". Respuesta: "Por eso mi amiga Yanisleidis entendí que lo que me explicaste no va a ser difundido y tomé la decisión de decírselo sólo a nuestro amigo común Pedro, el cual me ha prometido que no se lo va a decir a Ana María. Ten por seguro que no lo va a saber nadie más, aunque debo confesarte que tengo la obligación de contárselo a mi mamá, que siempre guarda bien mis secretos en la peluquería donde trabaja y a la que siempre acudes. Te lo juro."

O el de Juan Luís cuando envió por Facebook a todos sus colegas el tan manido mensaje : "A buen entendedor pocas palabras bastan". Respuesta..."Pues bien, Juan Luís Soto, no siempre es así. Tengo un amigo que sólo me doy cuenta que entiende las cosas cuando me las explica y las repite varias veces ante mí. Así que lo siento: a veces hablar más, significa entender más.

Ahora que me he releído el escrito me doy cuenta que he sido tan pesado en insistir que hay que moderar estas figuras retóricas, que el efecto de justificarlas, ha invertido el significado de este artículo.

Feliz Año Nuevo a todos y a todas. Que no quiere decir que tu felicidad, el uno de enero, sea vieja.

¡Vaya, me olvidé que debía moderarme!

## Sobre el blog El almirante ruina

31/05/2014

Hay blogs que un día uno descubre y ve en ellos el espejo negro donde verse reflejado. Y es que la oscuridad hermosa, concupiscente y lírica que produce este sitio cada vez que su autor cuelga una de sus notas o retratos que escoge... tienen la pátina de cualquier cocktail a la media noche. No es fácil mantener una languidez nocturna en pleno día -... y a diario- sin caer en el tópico de ser engominado o "cheesy" que decimos aquí en América. Y uno hasta se pregunta cómo lo hace para mantener la atención en un espacio tan corto, con sólo tres elementos no fáciles de combinar: la música, la literatura y la fotografía en blanco y negro.

Bien ahí van algunos anotaciones de sus "blogoarticulos" de este extraordinario almirante –desconozco la razón del título del lugar- que sabe llevarnos con su bergantín a través de sus archipiélagos, o por las aguas sedosas de su Índico imaginario.

Pueden pasearse por cualquiera de ellos, pero yo he escogido algunos... como la combinación del soneto del poeta Antonio Carvajal: "A veces el amor tiene caricias/frías como navajas de barbero./Cierras los ojos. Das tu cuello entero/a un peligroso filo de delicias" con la pieza de Billie Holiday You have changed.

188

O escuchar Samba para ti, de Carlos Santana, con versos de Concha Lagos "Otra vez como ayer con tu verso en el vino,/otra vez a tus ojos en igual frente a frente,/otra vez, otra y otra. A veces nos descubre poetas de su tierra natal, Andalucía (concretamente de la ciudad de Ronda) como Josefa Parra "...Los dientes nos desgarran /la sudorosa piel. Llenan el aire/los perfumes amargos de la selva/y el más amargo y acre deseo" con el clarinete de fondo de una pieza de Mozart, en Las estancias del sueño. Otras combina un recuerdo culinario de un gran restaurante en Córdoba, "El caballo rojo", con la inmanente Luz Casal cantando Lo sé todo.

Cuando uno busca un antólogo de versos o un curador de música de calidad no lo encuentra. José María, su autor, con un estilo sutil y hasta libertino, nos aporta aquella manera de entrar en la seducción de los versos, las notas o las fotos. He visto a Brassaï a Cartier Bresson e incluso a Newton o sus discípulos en sus aportaciones. Qué lo disfruten en buena compañía... o en solitario.

## Nagarianos, resumen de un discurso radial

30/04/2014

"Buenas tardes América. Y bienvenidas las ciudades y pueblos del mundo que nos escuchan. Hoy empezamos nagarianos un programa de cultura que se va a emitir cada miércoles a de 6 a 7 de la tarde por Radio Global"

Así empezábamos el 9 de abril de 2014 el primer programa de radio auspiciado por nuestra revista gracias al ofrecimiento de Francisco Llanos su director, y al enlace que el astrólogo José Luís Belmonte nos dio para que esto fuera posible. Así nacía un sueño nunca imaginado en nuestro equipo -Alejandra Ferrazza, Gloria Milá-de-la-Roca, Omar Villasana, Roger Silverio y un servidor- y de poder extender nuestra misión bajo el signo de la escritura, a otra que pasara a través del aire por todo el mundo y que hablase nuestro idioma común.

"Nagarianos, gentilicio de un nuevo país virtual llamado Nagari, es una propuesta que pretende difundir la cultura en todo sus géneros. Cultura desde nuestra lengua, pero también la cultura que otras aportan al mundo, en pos de unir a esta gran comunidad -nunca mejor dicho- que habita en este espacio geográfico llamado Tierra. Por lo tanto... qué más da que estés en la ciudad donde se produce la emisión, Miami. O que te encuentres en Medellín, Lima, Santiago, Caracas, México Distrito Federal en Buenos Aires,

Managua, San Juan, en Santo Domingo, La Habana, en Madrid, Londres, Nueva York, Los Ángeles, o en la ciudad de Barcelona".

Después definimos que era para nosotros este tipo de "ciudadano del mundo" de este modo

Aquí estamos los que amamos la cultura...

Los y Las que suponemos muy esencial este término para relacionarnos juntos y, por tanto, para entendernos como pueblos...los que piensan que la libertad de expresión es un medio que no requiere objeciones...los que creen que el conocimiento es una cualidad para acercarse al otro, y no un diccionario de distancias. Los que piensan que la creación es una herramienta para difundir su individualidad con los miembros que le acompañan...con su entorno...con su comunidad. Los/las que creen que un verso cazado al vuelo es una salida a un poema igual que uno bien meditado. Un párrafo indiscreto al final de una novela, un estímulo autobiográfico que define la literatura del autor. Un ensayo sobre la libertad de creación, un imperativo y un compromiso con lo social.

Los nagarianos/as son gente que pide el porqué de una crítica ante lo efímero o superfluo. Aplauden el comentario que dignifica el recién llegado al mundo del arte. Ven una imagen plástica con una intención, o sin ella, un volumen en un lugar específico, o una instalación pública en un parque, como una experiencia estética a compartir... Aman los minutos previos antes de subirse el telón en un escenario, los diálogos bien naturales y encontrados de un buen guion de teatro o cine...Se deleitan con el film que se compromete ante un <querer decir> al mismo nivel que aparece la innovación en el <cómo se expone> . En fin, todo aquel que siente este término, repito, llamado cultura como algo propio e inherente en su día a día. Nagarianas y nagarianos del mundo aquí estamos en Radio Global cada miércoles de 6 a 7 horario del Este en EE.UU".

# Experiencia estética: interés versus desinterés

30/11/2013

Acaban de subastar el cuadro más caro de la historia hace apenas quince días. "Tres estudios para un retrato de Lucien Freud". Un tríptico donde aparece el nieto de Sigmund Freud que fue gran amigo del artista. Con aquel rasgo pictórico tan propio del autor, la desfiguración del rostro en trazos casi siempre empastados, Francis Bacon dio a conocer al mundo como él veía la singularidad de sus retratos.

Experiencia estética No revelo el precio. Muy sencillo: no quiero reflexionar sobre las razones por las cuales alguien que ahora tengo a mi lado, habla de la cantidad millonaria:" si lo tuviera en mis manos...ya no tendría ningún problema en la vida". Mi amigo cita el valor económico y no dice si se pasearía de punta a punta dentro de aquel espacio geométrico para disfrutarlo. O si se preguntaría cómo llegaron a amarse estos dos amigos. ¿Por qué no se pone a investigar al mismo Bacon en "Estudio para un autorretrato" cuando el artista incorpora su propio rostro desfigurado, al cuerpo voluptuoso de Lucien en un sofá. Es decir, ¿Por qué no va hilvanando una serie de dudas sobre lo que llevó a romper a los dos la relación después de veinte años, a detenerse en su composición o simplemente a analizar la evolución del trazo? En conclusión ¿por qué no tiene interés?
Pero tampoco es de Bacon de quién quiero hablar hoy en

esta columna. Sino a lo que lleva a mi colega, un maestro de primaria de Hialeah, a no disfrutar esta pieza desde la experiencia estética y a relegarla, solo, a su valor material.

¿Qué quiere decir este concepto que divide tanto a la sociedad en general en dos?: "A ti te gusta el arte raro y a mí el arte que se entiende". Una experiencia estética, en sí, solo pide que "re-mueva/nueva" tu interior bajo el acto de detenerse y disfrutar de aquella pieza, obra, texto, edificio, volumen, instalación, artículo, o incluso de aquel momento donde un suceso o la propia naturaleza te ofrece al instante la posibilidad de vivir algo distinto que, no significa necesariamente bello, en todas las ocasiones.

"La experiencia estética es el instante en el que sujeto y objeto se encuentran: el objeto produce una reacción en el sujeto – favorable o desfavorable – que se volverá una manifestación o juicio con respecto a dicho objeto (Berenson 1966 [1948]).

Para ello se requiere aspectos tan esenciales como: el conocimiento, es decir, el relato de lo expuesto y su propio lenguaje. Que estas cualidades de lo dicho o mostrado sean objetivables y no solamente emotivas. Que se distingan entre sí y que interactúen entre ellas creando un modelo que hable de un nuevo discurso para el observador y que a la vez, éste, sea incorporado en su vida cotidiana. Y para que todo ello se sumarice y se cumpla: una formación que apunte hacia la sensibilidad más que hacia la historia del género donde se encuentre el objeto vivido.

Tan importante es ver el impacto que le produce a un niño de El Sahara cuando ve por primera vez el mar, que el católico que después de años de espera se encuentra en Roma bajo el palio de la Capilla Sixtina. Tan trascendental puede ser la vivencia mil veces contada de presenciar en vivo la enigmática sonrisa de Mona Lisa en el Louvre como para un agnóstico escuchar los versos de Vallejo en Los Heraldos Negros Hay golpes en la vida, tan fuertes... Yo no sé! / Golpes como el odio de Dios.

Voy a citar, entre muchas, una que englobó cantidad de géneros  y modalidades en una única experiencia:  La primera vez que vi la película de mi venerado maestro Bernardo Bertolucci "El último tango en París" 1971. Aquella noche entendí el cine: lo que significa narrar una buena historia y los registros que puede tener un gran actor que se precie (Marlon Brando) ... la intriga que da la madurez para una joven que no sabe lo que quiere...la sexualidad polimórfica en un tiempo social donde estaba sometida al silencio en España... la belleza convulsa de una ciudad sin tiempo, París. Verla además bajo la fotografía naturalista de (VitorrioStoraro), la lírica de lo sórdido en los seres que no se encuentran en el el guion de (Franco Arcalli), la importancia de las notas graves de un saxofón ( Gato Barbieri) para acentuar, bajo el jazz, una persecución en una calle mojada. Y Ah... y quiero cerrar el artículo para vanagloriar que, a parte de este título lunfardesco, existían los de crédito en el film que se alternaban con imágenes llenas de impacto y de soledad del incitador de este escrito

La experiencia estética está abierta a todos...sólo hay que buscar un valor que se enuncia en el título de esta columna...lo demás son excusas.

# Entretenimiento versus cultura: algunas hipótesis.

31/10/2013

Recuerdo la primera vez que abrí en EE.UU, el periódico en español El Nuevo Herald, hace aproximadamente dieciocho años, cuando éste era un complemento del The Miami Herald: el asombro al ver que nunca hubiera una sección editorial que llevara el vocablo específico de "cultura".

En mi país de origen todos los periódicos de la ciudad, independientemente de su ideología o afiliación política, tienen en sus secciones este apartado. A continuación, aparecen subtítulos como arte, literatura, cine, música, teatro, ópera, danza, arquitectura, diseño, fotografía....y una lista de los acontecimientos de esta índole de la semana.

Hay maneras de contrastar un tema tan aparentemente coloquial como es el término cultura. Y a la vez, es fácil y distinguible observar entretenimiento -para ser precisos ...de su origen inglés entertainment- en el día a día de la información de cabecera, tanto escrita como audiovisual en EE.UU. Pues bien, una de dos: o el concepto como tal ha envejecido junto al autor de este artículo -por lo tanto es *demodée* que decíamos en mi juventud- o simplemente el vocablo que reúne como esencia la recopilación del conocimiento y la creación humana, no interesa como sujeto de la historia hoy en día.

Puntualicemos. Con el término cultura viene implícito, no lo olvidemos, el de "crítica de la cultura". Elemento básico para comprender lo anterior, aportar y difundir lo nuevo de los creadores en sus distintos géneros y versiones a través del tiempo. Par ser ilustrativos:

Uno de los valores más importantes de la cultura es que introduce en nuestra vida complejidad y nos hace más capaces de responder con instrumentos al sentido de nuestra existencia. No por ello somos más felices, ni mejores personas, porque la cultura puede ser edificante o perturbadora.

Esta observación de Antonio Monegal en un artículo del diario La Vanguardia (Catalunya) da clave a una primera hipótesis de por qué es menos oportuno ubicar cultura que entretenimiento en un periódico o magazine informativo. Las nuevas generaciones, quizás debido a los cambios tecnológicos, valoran más lo efímero y lo placentero que la implicación personal en un texto, en cualquier formato y/o con distintos discursos, con base a una reflexión y un análisis.

Otra sugerencia podría ser que el término en sí mismo esté devaluado. Que la palabra dé miedo por lo que representa asociada a incomprensión o a elementos cerrados de un grupo o género artístico determinado. Me viene a la memoria cuando repudiaba el término "alta cultura" y, por el contrario, amaba el vocablo de "cultura popular" en mi adolescencia. También señalar la brillantez y el acierto del término "revolucionario", durante los dos primeros tercios del siglo XX, hoy, es un concepto depreciado por las connotaciones políticas ligadas al autoritarismo. Ahora me viene como ejemplo, la degradación de otro vocablo esencial como es el de "religión". Rechazado incluso por el propio movimiento cristiano evangélico, o las nuevas tendencias ligadas al budismo y las prácticas orientales. En este caso sería "lo espiritual versus religión;...energía universal versus el dios-creador-judeo-cristiano-musulmán. Si fuera así con el término "cultura", me sentiría más tranquilo. Sólo sería la trasposición de cláusulas formales y no de significados lo que cambiaría. La cultura como herramienta o regocijo con el mundo interior, es decir, del ser, solo habrían sobrepasado disquisiciones lingüísticas.

Pero también podría ser que la "idea de cultura" haya muerto como tal. Quizás con el mismo tipo de réquiem que le ocurre a "arte" en cada generación. En una entrevista hace poco en este medio, Francisco Tardío, gestor cultural de mediana edad que regenta la dirección del Centro Cultural Español en Miami me decía en una entrevista : "no hablemos de cultura…hablemos de creación".

Bien recordemos su etimología y pensemos que el término viene del latín cultus que , como tal, está relacionado con la tierra y la ganadería. No olvidemos tampoco que su significado incorpora otro vocablo: cuidar. Si así fuere, velemos nuestra parcela o nuestros campos del saber de la mejor forma. Traspasemos la tradición, el origen o lo distinto. Recolectemos los frutos y escojámoslos bajo la crítica lo que de verdad aporta conocimiento y/o rotura a la historia. Nagari tiene como fin este propósito y está abierto a cualquier evolución del término y su alcance. Por eso nos autocalificamos como "una revista de creación"

**Nota**. Ahora que pienso sólo utilizamos "cultural" cuando nos piden "¿Qué es Nagari?" entonces respondemos "una revista cultural".

Lo importante es que, la definamos como la definamos, no enterremos o confundamos la palabra cultura en nombre del juego fácil, lo banal o el divertimento.

# 1914: que la cultura nos proteja

31/07/2014

Este año es fatídico. Mis antepasados me hablaron con más cautela que nunca. " Este año empieza, no una guerra, sino la Gran Guerra...por algo será" me decía mi abuelo. Él la temió más que la segunda entre Alemania y los países del Eje. Aunque no menos que la Guerra Civil Española del año 1936 donde la vivió en su propia carne, luchando contra el bando fascista del dictador Francisco Franco.

Pero también en este año se inicia el primer vuelo comercial aeronáutico del mundo entre San Petersburgo y Tampa . México se declara en suspensión de pagos; Pancho Villa derrota a las fuerzas de Victoriano Huerta y en agosto se establecen los tratados de Teoloyucan. En Argentina el doctor Luis Agote implanta la primera transfusión de sangre de la historia. Miguel de Unamuno publica Niebla y nuestro premio Nobel, Ramón Jiménez, escribirá un texto tan recogido como éste:

Platero es pequeño, peludo, suave; tan blando por fuera, que se diría todo de algodón, que no lleva huesos. Sólo los espejos de azabache de sus ojos son duros cual dos escarabajos de cristal negro. Lo dejo suelto y se va al prado y acaricia tibiamente, rozándolas apenas, las florecillas rosas, celestes y gualdas... Lo llamo dulcemente: Platero

El cuatro de abril nace Marguerita Duras, en febrero Willias Bourroughs, Nicanor Parra en septiembre junto a Bioy Casares y el 31 de marzo Octavio Paz. En París se estrena en la ópera, El canto del ruiseñor de Igor Stravinsky.

La Gran Guerra empezó el 28 de julio de 1914 y terminó el 11 de noviembre de 1918. Murieron más de 9 millones de combatientes y 6 millones quedaron discapacitados. Los países en contienda fueron la Triple Alianza: El Imperio Alemán, Austria-Hungría e Italia contra el Triple Entente: Reino Unido, Francia, y el Imperio Ruso. Al final de la contienda, los Imperios fueron destruidos: tanto el Otomano, el Austro-Húngaro, como el Ruso. Debido a la revolución bolchevique de 1917 la guerra dio un giro. Las nuevas naciones empezaron a marcar lo que es Europa hoy. Y nace una nueva potencia en el mundo: Estados Unidos. Se utilizaron los primeros tanques. Se crearon nuevas armas como las ametralladoras, las bombas desde el aire, los gases venenosos, los barcos acorazados o la guerra de trincheras.

Al final, se creó la Sociedad de Naciones preámbulo de lo que hoy son las Naciones Unidas. Las mujeres adquirieron importancia en la sociedad por el peso aportado en la retaguardia. Y también hay fábulas y anécdotas curiosas relacionadas con el tema humano. Por ejemplo, durante la Nochebuena de 2014, en plena contienda militar, ambos contrincantes de distintos bandos hicieron un alto el fuego y confraternizaron entre soldados alemanes y sus invitados los soldados británicos del otro frente. Nace, con una foto antológica. El poder de la fotografía como arma de guerra y propaganda acababa de nacer. La censura se impuso a partir de aquel momento por parte de los políticos. Cultura y poder militar sueltan los lazos que los unen.

Hace poco, los presidentes de los distintos países que participaron en aquel desastre: Barack Obama, Ángela Merkel, Cameron Díaz, François Hollande, Vladimir Putin se reunieron como un signo de confraternización y paz para rememorar aquellos dolorosos momentos. Hoy, después de 100 años, algunos ya hacen comparaciones en la actualidad para vaticinar algo que nadie quiere y que en mi opinión no se va a dar: La Tercera Guerra Mundial. Algunas similitudes que sostienen se refieren a los datos coincidentes hace ahora una centuria y los que sucede en estos momentos. Por ejemplo, a la revolución informatva de los medios audiovisuales como el cine, la radio y la prensa de aquella época, en comparación con la revolución informática de los últimos años. El nacimiento del poder imperial de EE.UU en aquel período y el surgimiento de China ya casi como primera potencia. Las capitales del momento como fueron Londres, Viena y Parìs, por las de Shangai, Pekin, Sao Paolo, o Bombay. La cultura ligada a la masificación de las clases populares a principios del siglo XX, y el de la cultura del espectáculo y el best seller del momento. Y, por el contrario, el auge que tuvieron los intelectuales en su momento  como Ortega y Gasset, Jünger y Spengler. En cambio, después de 1945, ya se habló de la muerte del intelectual como ser influyente en los cambios político-sociales de la segunda mitad del siglo pasado.

En este momento un nuevo foco de violencia entre Israel y Gaza ha encendido la mecha. Siria sigue enterrando a sus muertos en silencio en ambos frentes y sin la intervención de Europa ni EE.UU. Irak se divide en dos clanes clásicos de una misma raíz: los sunitas y los shiitas guerreando y conquistándose el país unos a otros. Las represión en el Egipto actual contra los Hermanos Musulmanes o los sucesos en los países del Norte de África es otro detonante. También se cita el resurgir de ciertos nacionalismos en Europa (Escocia, Catalunya, Flandes, La Padanía....) en busca de nuevos estados. Recuerden que esta guerra se originó por el asesinato de un nacionalista llamado Gavrilo Princip en Sarajevo contra los herederos del Imperio Austro-Hungaro dónde Bosnia y Herzegovina pertenecían.

Había que citar este año a todos y avisar a los jóvenes lectores que la historia puede repetirse. Los remedios de la última crisis económica en el mundo occidental aún son presentes en nuestra sociedad global. Y hoy más que nunca, por muy pesado que suene de tan manida esta palabra..."solo lo global va a derrotar la división de lo mundial". Que sea la cultura lo que una y en este caso la cultura de la paz y la tolerancia para que un 2014 no tenga similitudes detonantes con 1914. Cien años ya de aquella fecha que tiene que servir para perdonar pero no para olvidar. Esperemos acabar el año con el sosiego que da el conocimiento y la inteligencia en los seres humanos.

# Muerte literaria en Rusia

28/02/2014

*Miró el filo de su cuchillo y le dijo*
*"La única literatura verdadera es la prosa"... y lo mató.*

## La noticia

Moscú a día de hoy. Un exprofesor ha sido detenido en la región de los Urales en Rusia como sospechoso de haber asesinado a puñaladas a un amigo durante una disputa sobre los géneros literarios, según ha informado la agencia de noticias RIA Novosti. La víctima del apuñalamiento, un hombre de 67 años, insistió en una discusión con su amigo en que la "única literatura verdadera es la prosa", según ha relatado la delegación de la región de Sverdlovsk del Comité de Investigación ruso (la Policía Federal). La declaración del asesino provocó un enorme enfado a su amigo, de 53 años de edad y apasionado de la poesía, hasta el punto que le apuñaló y acabó con su vida. Los dos hombres se encontraban ebrios en el momento de los hechos.

## El comentario

Bien me gusta. Sí, he dicho que me gusta la noticia.
Estoy hasta la coronilla de abrir las portadas de periódicos y ver la muerte común y accidental en las autopistas por exceso de velocidad. El dichoso cáncer ocupar día sí y día también, las páginas de las sección de obituarios célebres o comunes. Los disparos a bocajarro con cadáver incluido, por robar unos pesos en un 7 Eleven. Las tribus de hutus y

tutsis en África eliminarse por ser de distintos clanes. Los cadáveres en las eternas guerras del planeta. O anunciar la pena capital para un reo en el estado de la Florida···Ya me cansé. Cómo se decía en el Far West: el protagonista de esta historia murió con las botas puestas. Con unos litros de vodka en el interior y la dignidad de defender a los mejores bardos rusos.

Me imagino la discusión teatralizada...

**Setting**: Un bar de los helados Urales en un barrio marginal. Atmósfera aún latente del siglo XIX. Afuera, la nieve sigue sin detenerse. La noche, cerrada y sin luna llena. Sólo cinco individuos en el lugar: el camarero, una padre borracho en una silla mientras una niña le invita a levantarse, y este par de amigos discutiendo sobre "lo real y verdadero en la literatura". En la mesa, una botella de vodka Stolinchnaya. Dos vasos de vidrio y algunos libros.

**El asesino** Da un puñetazo fuerte encima el mármol y le suelta lo siguiente). Lee anda. Lee. Muy bien, si no quieres hacerlo, leeré yo. Escucha a Dostoievski en la primera parte en Crimen y Cástigo "¡Cómo es posible que me asusten semejantes tonterías, proyectando un golpe tan atrevido! – pensó Raskolnikov con sonrisa extraña-. ¡Hum...! Sí, el hombre lo tiene todo en sus manos y deja que las cosas pasen por delante de sus narices únicamente por cobardía, eso es axiomático. Me gustaría saber qué es lo que asusta más a las personas; yo creo que lo que especialmente las intimida es aquello que se aparta de sus costumbres. Pero divago demasiado"

**El apuñalado** -Borracho...hace un ademán de desprecio hacia el asesino - Sí... siempre divagas demasiado tú.

**El asesino** -Imbécil estoy hablando de Raskolnikov en el capítulo primero, no de quién soy yo.

**El apuñalado**- Ahora escúchame a mí. Y óyelo bien porque hay pocas como ella.

Cuando escuches el trueno me recordarás
y tal vez pienses que amaba la tormenta...
El rayado del cielo se verá fuertemente carmesí
y el corazón, como entonces, estará en el fuego.
Esto sucederá un día en Moscú
cuando abandone la ciudad para siempre
y me precipite hacia el puerto deseado
dejando entre ustedes apenas mi sombra.

Ahí la tienes, sola, Anna Ajmátova: perseguida, amenazada y deportada en tiempos de Lenin.

**El asesino**. En tono de burla incisiva y riéndose a carcajada. "carmesí" " me recordarás "el puerto deseado". La poesía es de mariquitas estúpido. Y esto es lo que eres tú: una mujer perdida buscando la espiritualidad en los versos ja, ja, ja.

**El apuñalado** Le tira la bebida en la cara y le dice. Tú no tienes sentimientos ni sensibilidad ni para captar un verso de amor de un alumno por su madre. Por eso te echaron de tu trabajo en la escuela. Así arrastras tu culpa por la ciudad como Raskolnikov. Eres un...

**El asesino** Saca una navaja de plata de su bolsillo y se la apunta a su rostro -Yo soy lo que tú nunca has sido...el mejor profesor de literatura de Novosti. Y ésta va a ser la última vez que te lo repito ( le hinca la hoja en el bazo, y la víctima cae retorcido a sus pies) ...Simplemente porque no habrá nunca más otra oportunidad. La única literatura verdadera es la prosa ¡Has escuchado!. La única cretino.

En el suelo del bar la misma sangre de la usurera que mata Raskolnikov en la obra de Dostoivesky y la misma culpa huyendo por la ciudad antes de ser detenido por la policía. La región ártica de Siberia, volverá a ser un espacio común entre ambos protagonistas lo que cambia son las razones: para el de la novela fue la codicia y para el profesor de Novosti la verdadera literatura: la narrativa.

# Actores y actrices; nuestros "otros".

30/09/2014

Después de acabar el servicio militar oficial en Cartagena (España), pensé que mi vida cogería el rumbo de los escenarios. Tantos personajes allí adentro con uniforme, llenos de vanidad, pobreza interior y sueños de grandeza despertaron el interés, en mí, por la representación de la psicología humana y sus atributos.

Así que me presenté en el Instituto de Teatro de Barcelona para hacer las pruebas y tener acceso a la formación actoral. El éxito fue tan significativo que, en la primera tentativa, me dijeron los profesores: "Ahora te vamos a matar, y quiero verte morir aquí mismo". Y así fue. Me dieron un tiro simulado con un revolver por delante. Yo me tiré al suelo. Lo gritos histriónicos y lo retortijones fueron tan excedidos que Iago Pericot, este gran escenógrafo y director de actores catalán, no tuvo dudas en señalarme lo siguiente: "Dedícate a otra cosa; esto no es lo tuyo". Al levantarme le confirmé que tenía razón: "Ha habido una gestualidad poco controlada en la caída y no interioricé bien el disparo en el hígado" le dije. Iago puso su mano en la sien y se rascó la barbilla efusivamente. Al final de los ejercicios me invitó a un café con leche en un bar. "Bueno, si al menos has analizado el porqué del hecho, será mejor que te dediques a la dirección o a la crítica, si te gusta este oficio". Y empecé los cursos académicos sobre Lenguaje e Imagen (CIPLA), que impartían en el mismo centro teatral. El desafío que da deconstruir lo que uno percibe en la pantalla, en una puesta en escena, o incluso en un tela, me animaron a comentar sobre lo observado.

El actor, ante todo, es autenticidad y verosimilitud. Y que conste que no digo verdad. Recordemos que la diferencia reside en que, el segundo término, significa "que se parece a la verdad". La verdad en sí misma no puede estar en el proscenio. No habría suficientes tumbas ni flores, para las intérpretes de Ofelia.

Hay actores que son ellos mismos. Actores que se repiten una y otra vez en su tipología. Da igual el periodo histórico, la posición social, o la función del personaje. El carácter y un cierta imagen muestran un icono que todos queremos ver una y otra vez. Son seres que aparecen en escena o en pantalla ante una misma página. Y que vamos allí a verlos para contemplar su "veracidad". La hondura de sus rostros es imprescindible. Sujetos escénicos con un quehacer tan determinado que, a veces, poco nos importa el guion o el desarrollo de la historia. Son ellos mismos. Aquí englobaría a los clásicos -...vivos o muertos- como el gran Laurence Olivier, Marlon Brando, Sofía Loren, Lauren Bacall, Isabelle Huppert, Al Pacino, Leonardo DiCaprio, Catherine Deneuve, Sean Penn, Juan A. Bardem...

Hay otros, en cambio, donde su mutabilidad a la hora de investirse en "otros", les da valor a sí mismos. El valor de la sorpresa. La variabilidad en sus movimientos y sus gestos. El trabajo bien hecho en la transformación. Actores o actrices donde el reto está en pasar de un papel a otro observando cambios sustanciales en sus disfraces. Si bien no completamente distintos en algunas ocasiones, como mínimo hacen el intento. Lo imaginó George Clooney bajo la mano de los Cohen en O Brother, Where art thou? O el polifacético Robert de Niro en Raging Bull con Scorsese. O el recientemente fallecido Philip Seymour Hoffman, del cual, tuve el placer de verlo en vivo en un off Broadway con True West de donde -dependiendo de los días, par o impar- iban alternándose sus personajes de hermanos, junto a otro gran secundario John C. Relly. Pasar de ser un Truman Capote afeminado, a un líder religioso como en The Master, o un sacerdote católico como en La duda solo lo puede hacer un actor de esta categoría. Dos grandes polifacéticos por excelencia en este ámbito: Dustin Hoffman capaz de ser Ratso , un timador tuberculoso en las calles de Nueva York, en Midnight Cowboy a un autista en Rain Man. O incluso llegar a interpretar un comedy star como Lenny Bruce... o la diosa Meryl Streep. Meryl puede hacer desde Margaret Thatcher a Julia Child. De risueña en Mamma Mia hasta de alcohólica en la magnífica August , donde saca lo mejor de su teatralidad en los primeros planos junto a otro actor y autor de culto, Sam Shepard; en este caso, perteneciente al grupo citado anteriormente.

Actores que aman a sus personajes y se invisten bajo las directrices de Stanislavski o bajo cualquier otro método. Actrices en busca de su reconocimiento profesional y social. Amantes de su permanente belleza o de la que emana de su propio interior. Ausentes bajo los focos, en sus ratos de soledad o de entrenamiento, aprendiéndose el papel asignado que les toca. Discutiendo o dialogando con sus homólogos: el director, la asistente, el guionista, el jefe de vestuario. Actores que con sus delicados desequilibrios emocionales pueden llegar hasta decisiones de quitarse la vida como ocurrió, hace poco, con dos grandes: uno citado, Seymour Hoffman, y el actor de comedias Robin Williams. Llenos de vida, dando vida al audiencia y proponiendo vida ...ante una cámara o el escenario

Qué pena que yo me desvaneciese y muriera tan mal en mi primer día de pruebas en aquella escuela para actores en Barcelona. Qué envidia les tengo. Pero bueno,  ahora los disfruto desde la platea de cualquier sala de Miami o de mi ciudad de origen. Tanto en un recinto teatral, en una sala de cine, o en la pantalla de mi televisor viendo una serie. Desde un container en Microteatro, hasta en un black box observando los ensayos. Los actores y las actrices representan nuestros "yoes" escondidos... todos llevamos uno dentro donde proyectarnos.

# 10  Welcome to Barcelona

# La Barcelona de mi ayer y la del "extranjero" de hoy

01/07/2017

*A mi amigo Omar Villasana*

Barcelona fue, está y estará en mí. Simplemente porque la he vivido como una novia que abandono al trasladarme a EE.UU.hace veintidós años y ahora recupero por imperativo ético y familiar. Posiblemente dos muertes me vigilen al regresar este diciembre: la real, propia a todo ser humano por desaparecer de aquí To die, to sleep que decía Hamlet en su soliloquio. Y la que obliga el crecimiento que suscita una transformación, sí o sí, del paisaje urbano de Barcino, nombre que adquiere en su época fundacional.

## 1955/1977

Una localidad humana y hospitalaria con todos. Enferma aún, por estar su identidad todavía obstaculizada durante la dictadura de Franco. Ciudad Condal y forzadamente monárquica. Viviendo lo clandestino y la lucha popular en caminos paralelos. Un color mayoritario en los periódicos de la época: el blanco y el gris.

La Barcelona que recibe una oleada emigrante del sur de España en los años 60. Andaluces, murcianos e individuos de otros lugares de la Península con maletas de cartón y sueños. Preciso: "soñar", quería decir en aquel momento algo que ponerse a la boca para saciar el hambre. Y como palio, una barraca de ladrillos rotos y cal sobre un techo de uralita. Barrios de marginación y alta vida en común al mismo tiempo. Fueron prototipos: El Raval, la Barceloneta, Carmelo, los núcleos de Montjuïc, Somorrostro, Can Baró. O ciudades colindantes en el área metropolitana: Badalona, Hospitalet de LLobregat, Cornellá, Santa Coloma...

Poblada de tranvías y trolebuses. Ruido de automóviles modestos y a todo color; como el popular Seat 600. Carros tirados por caballos que recogían la basura lanzada desde los balcones en el Poble Sec. Kioscos en las Ramblas repletos de revistas del corazón y anuncios de películas. Flores y semanarios que hablaban del asesinato-por-amor del día como El Caso. Comisarios célebres por sus pesquisas turbulentas con la delincuencia y redadas a estudiantes.

Helados de chocolate y nata en boca de los niños. Patinetes de madera. Cigarros sin filtro, tos, y el orín de los borrachos cerca de los árboles de cualquier avenida o acera. Ancianas conversando sobre la Guerra Civil española sentadas en el parque. Los domingos, iglesias llenas escuchando la palabra de Dios durante la misa parroquial; a la salida, un vermouth con aceitunas negras, cerveza con calamares a la romana, patatas de churrería con vino de jerez. Fútbol o boxeo en la televisión de cualquier bar del barrio y a cualquier hora.

Amor cortés entre los novios a punto de un "sí" en el altar de la iglesia Santa María. Piropos a la mujer en las obras en construcción o en plena calle del Paralelo. Bofetones palmaditas y tirón de orejas del maestro en las escuelas; desafortunadamente, también en varios matrimonios del edificio donde habitaba. Rosarios en la clase de religión pidiendo por los propósitos del Papa. Operaciones algebraicas bajo pizarra negra y tiza partida. Cines con doble sesión de películas del oeste (westerns) o sobre el imperio español en la sala Gayarre, Coliseum, o el cine Fémina y Dante. Salidas al balcón para observar las aceras llenas de público en verano; la ceniza del fumador en la cabeza de algún transeúnte. La pelea vecinal... El sol del oeste ocultándose en la montaña del Tibidabo.

Júbilo en las verbenas y fiestas populares a ritmo rápido de pasodobles, rumbas, twist, cha cha chá. Y en boca pequeña de algunas vecinas, comentarios como éste alguna vez:

- ¿Has visto?...Hay un hombre africano en el bar.

- No, no sabía nada. El otro día yo vi a un "moro" moruno de Marruecos que llevaba un vestido blanco como de mujer hasta los pies y hablaba de una manera rara. Dicen que es el novio de la Juani.

- Pobre... como si no hubiera hombres en el barrio a quién elegir.

Alguna huelga ilícita como respuesta a la injusticia general que vivían los trabajadores. Tristeza en más de una casa. Represión de la policía en la calle.

**Muerto el general Franco; muerto el desasosiego. 1977...**

El barcelonés disfruta de su urbe bajo el ejercicio físico y el espectáculo que da la libertad y el derecho a ejercerla. Aparecen nuevos negocios y restaurantes. Agencias de viajes que hablan de París, Roma, Londres, Nueva York. La prensa olvida sus editoriales ostentosas y aclaman a su público. Nuevos diarios: El País, El Mundo, El Periódico, L´Avui en catalán. Se institucionaliza el defensor del lector. Las secciones de libros y arte hablan de los omitidos y los nuevos valores en la escena cultural. La imagen fotográfica adquiere un lenguaje propio y dan testimonio a la vida cotidiana. La universidad recupera su prestigio perdido; la lengua catalana su extensión al territorio. Debates, cine-fórum, nuevas discotecas bajo la psicodelia. Renovación en la escena teatral (Teatre Lliure, Mercat de las Flors, Sala Beckett, Romea...)
La plaza Catalunya ya no es solo un lugar donde dar de comer a las palomas. El barrio Gótico y el Raval se convierten en un espacio para creadores autóctonos y para una bohemia incipiente. Recordemos, a la representante literaria Carme Balcells que acogió a Vargas Llosa y García

Márquez, entre otros de la generación del boom. El barrio de Gracia se gentrifica para bien o mal, y lo ocupan nuevas generaciones. Se abre a perspectivas comerciales y de interés mutuo en la ciudad. Se restaura lo viejo y empieza a diseñar nuevos espacios públicos. Los nombres de las avenidas y paseos vuelven a su denominación original.

Años más tarde, llegarán los Juegos Olímpicos en 1992 y la transformación será de gran magnitud y eco con nuevas infraestructuras y una internacionalización de Barcelona. Zonas urbanas y marítimas totalmente renovadas. Edificios restaurados como el Palau de la Música, El Teatre Liceo y la obra de Gaudí en general. Llamado a nuevos arquitectos ilustres para que edifiquen en la ciudad Frank Gerhy, Arata Isosaki, Álvaro Siza, Bruce Graham, Richard Meier, Jean Nouvel, Jacques Herzog, Pierre Meuron, Ricard Bofill.

A principios del siglo XXI se funden dos movimientos que irán creciendo disímiles pero sin parar. Algunos le llaman "la llegada del extranjero" y se refiere a la confluencia al unísono de población emigrante mayoritariamente árabe, africana, indopaquistaní, china, rusa y latinoamericana. Se le suma, la eclosión del turismo a nivel exponencial.

Hoy Barcelona es una ciudad, nunca mejor dicho, ubicada en el mapa del planeta desde una multiperspectiva: ciudad de acogida de emigrantes o refugiados, foco de negocios y congresos internacionales, y sin duda polo de atracción para un inicio o final de vacaciones de millones de turistas que quieren disfrutar del Mediterráneo.

Desenlace: estos dos fenómenos han transformado la metrópoli. Generando tensión cuando la afluencia es desmesurada por los bretes sociopolíticos en el mundo. Pongamos hoy como ejemplo la situación en Siria. Y produciendo riqueza, nombre y prestigio cuando se estabiliza bajo el éxito económico. Un dato, el gobierno de la municipalidad barcelonesa tiene hoy superávit en sus arcas del tesoro.

Es cierto que hay algunos problemas de acomodación con la comunidad musulmana. Negocios ilícitos por parte de mafias internacionales con la venta o alquiler de viviendas. Concentración excesiva de turistas en la zona antigua de la ciudad y el puerto. Y otros relativos a la pobreza en la calle o el propio tránsito urbano.Sí es verídico. Pero no me gusta y me duele profundamente ver en mi lugar de origen pintadas como "Tourists go home o Todos los musulmanes son terroristas". O llamar sudacas a los latinoamericanos en plan despectivo.

El que escribe es nieto de emigrantes nativos que llegaron a Barcelona en 1929. Ha sido turista en muchas urbes por el mundo (Estocolmo, La Habana, San Juan, México DF., Chicago, Berlin, Túnez... Nápoles). Inmigrante en América hasta 2005. Posteriormente ciudadano oficial de EE.UU. Y posiblemente con la doble nacionalidad como catalán en pocos tiempo. Mi pareja es de origen andaluz como su hermosa madre que es de un pueblo de Jaén. Tomo arroz con frijoles en un bar cubano cerca del Mercat de Sant Antoni. La tónica con gin que bebo ahora mientras escribo, se la compré hoy a Muhammad Saleem en su tienda de productos paquistaníes hace treinta minutos. Mi vecina de Xingyung me ha dicho en catalán: "bona tarda" (buenas tardes). Y ayer recogí mis zapatos en el taller de Susana, una limeña que, no sólo lo hace bien de precio, sino que tiene una sutil destreza en la reposición del calzado. "Ya los tiene listos para andar...venga que usted no para de ir arriba y abajo por la ciudad".

**Barcelona ha sido, es, y será siempre**
una ciudad abierta a lo humano y a lo nuevo

Welcome... Everybody is our friend.

## "La plaça": literatura de un hecho real

01/01/2016

Nací con el olor del tomate podrido en el delantal de mi madre. La leche de sus pechos a veces llevaban alguna pepita de este fruto mientras me amamantaba en pleno día en el mercado de Hostafranchs. Con sus manos secas y llenas de tierra negra, mi padre organizaba el puesto de venta para que el cliente apreciara el valor fresco de la cosecha de hongos y setas del día anterior. Unos cuantos metros más lejos mi abuela colocaba a la vista del público: la uva moscatel, las naranjas navel de la zona agrícola de Valencia y, a finales de agosto, el melocotón adorado por el cineasta Luís Buñuel: el durazno de las tierras de Calanda.

Mientras se tomaba un café con coñac en el bar de la zona, mi abuelo hacía sumas y sumas kilométricas con un lápiz bicolor en la mano, para saber si las ganancias daban para pagar el alquiler de su negocio. Rojas las pérdidas... y en azul los beneficios.

En otro mercado de la ciudad de Barcelona, La Boquería, mi tío Pepito, lleno de escamas en su delantal de plástico blanco, agrupaba las langostas, bogavantes, centollos, mejillones, cigalas, almejas, calamares, navajas ..y todo el pescado fresco de la zona del Mediterráneo y de la costa cántabra, para que mi tía Antonia, al grito de "Nena..peix fresc carinyo" (¡Señora...pescado fresco cariño!), atrajera a sus clientes.

En este espacio convivían Juanita-la-dels ous (la de los huevos) que, dividía los mismos, en cuatro categorías distintas: huevos de granja blancos y huevos de corral blancos, huevos de granja rossos (dorados) y huevos rossos de gallinas alimentadas con maíz y libres en la casa de campo y correteando por los alrededores. Al lado, y con focos directos, se desplegaba una tienda de despojos: el olor del hígado de ternera fresco, los intestinos de cordero limpios de heces y en sal marina, los riñones, la panza de res...el corazón del lechal, la cabeza del cerdo degollado.

Casi todos los sábados, mi padre, iba con su propietario a desayunar higadillos frescos de gallina salteados con cebolla en el bar de al lado. En el tiempo de rovellons (níscalos, setas mediterráneas) mi padre aportaba estos ingredientes y Cristobal, el dueño de la tienda de embutidos, traía un chorizo ibérico recién llegado de Extremadura o a veces un lomo de caña o unas aceitunas negras de Aragòn.

Junto al mármol y el dinero, un vasito corto con la espuma de un café con leche condensada de la vendedora de quesos de cabra, de oveja, brie, gruyère, cabrales, manchegos, idiazábal, de la zona del Parmiggiano, o los blancos frescos de la provincia de Burgos.

En frente, el olor a tomillo de la señora Inés de Carranza, la pimienta negra en grano, los piñones con sabor a resina, la albahaca fresca de huerta, el pimentón ahumado y rojo de La Vera, la trufa negra, las hebras rojizas del azafrán, la nuez moscada, el comino para el gazpacho, el chile, el romero andaluz...

Con mis amigos de infancia, he desayunado un hueso de jamón serrano a mordidas y en bruto. Con pan-tomate y mojado en aceite de Jaén en las escaleras del mercado mientras observábamos a la gente de la calle. La horchata de chufa, la he degustado mientras veía a las niñas saltar la cuerda en el mes de julio.

Nos erizábamos con el chirrido del metal en la ruedas de las carretillas cuando entraba la mercancía por la puerta Norte. Y he visto al afilador de cuchillos deleitarse con la música del filo junto a la piedra de lima.

He sentido el hedor de la pobreza de hombres y mujeres que bajo la dictadura apenas tenían poca plata para comprar alimentos. Darles, a veces, de más mercancías en sus compras. Y a escondidas de mi familia darles algún dinero de la máquina de cambios.

Y desde la contradicción y el asombro mutuo, ver a ciertos personajes de la alta sociedad distinguir, por el olor, los meses que tenía el lechón que compraban. Comerse allí mismo media docena de ostras gallegas con un carísimo vino; un Vega Sicilia, por ejemplo. O dar una propina muy alta al carnicero, para reservar las turmas (los testículos del toro) una vez el Viti o Chamaco -toreros famosos de la época- hubieran matado el animal en la arena del ruedo.

Allá donde voy, tengo un mantra que no me abandona: "Jo sóc fill de plaça".Yo soy hijo nacido en un mercado popular. Una señal de identidad de la cual nunca me avergüenzo y que, desde la confesión, he manifestado siempre a quién he querido o ha salido distintas veces en las tertulias impartidas en Miami o en otras partes del mundo.

¡Eso sì! ...nunca me gustó que me dijeran que soy "El hijo de la verdulera". Grrrrr. Más que nada, porque va asociado a las personas que hablan demasiado o que nunca paran de hacerlo desde el bla bla bla. Repito."Jo sóc fill de plaça" aunque no puedo obviar lo segundo; solo, en ciertas ocasiones.

# El bar que fue

01/03/2018

¿Qué significó este término cuando mis pantalones sólo llegaban a la rodilla? ¿Qué motivaba de corazón al vecino del apartamento undécimo ir a tomarse un café con licor en el bar de enfrente? ¿Quién se escondía tras un trago de ron y humo de tabaco, antes de cerrar el establecimiento a las doce de la noche? ¿Qué se servía en El Bou, Can Sisco, el Bar Elías, o el popular Café Caracas de la ciudad donde habito? ¿Qué es en sí mismo, un bar?

## Antropología urbana de un espacio

Si bien, en verdad, todo nace en el momento que uno lo descubre, definir el bar como un lugar abierto de reunión humana, sería lo acertado para mí. Un territorio inédito para degustar algo tan simple como un café o una copa de alcohol. Un recinto para ingerir cierta cantidad de comida si el cuerpo lo pide. El área cotidiana donde compartes con tus estimados. O el jardín donde saborear las palabras del sujeto contiguo a tu derecha.

Al pie de una barra de mediana altura o sentados en una mesa, la gente socializa o percibe la soledad como un bien único. Dependiendo del sitio y el continente, se suma un término distinto según los servicios que se ofrecen y la calidad de los mismos: café, cafetería, barete, chiringuito, bodega, terraza, coctelería, tugurio, bar-de-putas, bar-de-hombres, taberna, casino, tasca, club, el palacio, la cantina, un baruncho, el bar del pueblo, el café-restaurante...

El primero que me viene a la mente surge en un celuloide americano bajo el género del western. Es el saloon Ramírez de "Solo ante el peligro". Una película donde el actor Gary Cooper, el sheriff de un pueblo fronterizo con México, entra erguido en medio de aquella taberna llena de tugurio y golpea duro el rostro de un borracho que lo desafía. Sólo vemos vaqueros y whisky en diez vasos diminutos. Ante lo acontecido, una mirada de sospecha del comisario frente a los lugareños. ¿La Función? Reunir a los hombres de la villa para combatir el crimen y arrestar a los forajidos.

## Un bar de barrio en 1960

De buena mañana, cuando el alba se espesa por el clima, solían refugiarse tres tipos de personajes huidizos en el bar Elías. Don Julián era uno de ellos. Con mano temblorosa y linaje vetusto, no paraba de alisarse una corbata roja y arrugada. En la otra mano, sosteniendo un vasito entre el índice y el pulgar, la barretxa. Una mezcla a partes iguales de anís y vino moscatel. Su discurso se compone de una frase casi monótona y diaria: "Si Adela no se hubiese ido... si Adela".

Sentado en una mesa de mármol. Mirando a través de las cortinas que dan a la calle, Jesús Salazar. Acaba de llegar hace unos meses de las tierras del sur de España. Invariablemente ecuánime con el dueño y ensimismado, "Tráigame lo de siempre; señor Elías", frota sus manos evitando que se le hielan, y a continuación circunda los dos pulgares sin detenerlos. Ante sí, un carajillo de Fundador. Es decir, un café con unas gotitas de coñac común y barato. Las tareas de hoy en el edificio en construcción donde trabaja son duras. Hay que calentarse previa subida de los ladrillos a la terraza y visualizar la ciudad que le ha dado un empleo. En Úbeda, su pueblo natal, carecía de trabajo.

La espuma del café con leche, se extiende en sus labios azulados mientras disfruta de una lectura. "Señor Elías...no hay nada como la leche Letona. Gracias". María del Socorro es una viuda reciente. Lleva bastón y zapatos planos con lacitos de charol en la punta. Se saca el abrigo, los guantes, y contempla el paisaje del poco público a esta hora. Son las seis de la mañana. Lee "Mi marido te espera"; una novela de la popular escritora Corín Tellado.

Haciéndome el relato de lo percibido; la señora Agustina, mi madre. Mientras moja un cruasán en el café con leche, el que escribe, es amonestado por su progenitora. El ruido que hago tomando mi Cacaolat caliente con una pajilla blanca le exaspera. Esta sabrosa bebida de chocolate, fue un mito cuando la ciudad despertaba de su miseria después de la guerra civil.

Mis ojos se hacen preguntas. Algunas tan sencillas como ésta "¿Por qué la gente acude sola por la mañana mientras al mediodía todos comparten sonrisas y vino tinto?

Este bar, en el fondo, fue un escenario literario. Mi mamá para abrir su imaginación sobre el público matutino que acudía, no dudó en crear sus propios cuentos a través de su mirada.

**Al mediodía**

Pues bien, hacia la una de la tarde los bares se convertían en un sofrito de ideas. Un circo de propuestas alimentarias alrededor de tu familia o desconocidos iniciando lo que llamamos el vemouth. En el mediterráneo catalán hay una oración para ingerir alimentos desde la 1 del mediodía a las 3, y de 8 de la noche a la hora de cenar. Se llama "Vinga... anem a picar" (Venga ...vamos a tapear). Es una curiosa orden, para nada autoritaria.

Un ritual público que implica decidir dónde comer una inigualable ensaladilla rusa (Bar Bou). El mejor pulpo con pimiento de la Vera (Bar Llobregat). Los mejores calamares a la romana (Bar Continental). Degustar la sobresaliente cerveza Moritz tirada con lentitud y a mano (Bar Oriental). Y si era, domingo podías finalizar con un postre delicatesen en un "bar de dulces" que no era más que la famosa pastelería Lyonessa y su rincón libre de degustaciones a base de coca de chicharrones, crema de Lyon, bracitos de gitano, huevos de coco, tortell de crema. O repostería variada con sus exquisitas pastas de hojaldre, piel de naranja bañada con chocolate negro, flan de huevo quemado, tocinillo del cielo, o yemas de Santa Teresa envueltas en papel de vidrio.

Sin duda, el espesor de un buen café colombiano o tostado directamente desde Brasil te lo ofrecía la popular cafetería de El Caracas. Un lugar para individuos de entrar e irse con los labios negros por la prisa. Un café corto o un cortado para que una máquina Cymbali de la época, dejase correr el agua hirviendo con la lentitud y la presión que necesita. Una barra donde la línea, a veces, llegaba a dar la vuelta a la esquina del bloque.

**11 de la noche; el bar es un refugio que habla de ti**

A punto de cerrar, solo quedan los beodos y algún solitario. La luz es de tubo de neón y la bayeta con lejía que utiliza el aprendiz del Sisco, enjuaga la roña de una cena improvisada que hubo a las 9. Tortilla de patatas, chorizo y pan de leña untado con tomate, ha servido para que los seguidores del club de futbol de la calle General Moscardó celebrasen su triunfo con el adversario. Llueve y solo resta limpiar un vómito de última hora. Hay que sacar a la fuerza a Toñi...no se quiere ir.

En la popular coctelería Boadas, el gin burbujea con una tónica Schweppes y un toque de Gordon´s. El cuba-libre es de ron Negrita y pepsi-cola. El whisky se llama Dyc; el único scotch con denominación española. Hay quién quiere diferenciar el armagnac del brandy y, en una copa de balón, pondrá su nariz de cata para ganar la apuesta. De fondo, el jazz autóctono de Tete Montoliu. En un pequeño salón privado, bajo una luz circundada por una pantalla ocre, la escritora Carmen Laforet lee a media voz un párrafo de su novela "Nada" con una copa de anís a su lado.

*Si aquella noche hermosa se hubiera acabado el mundo, o se hubiese muerto al momento uno de ellos, su historia hubiera quedado completamente cerrada y bella como un círculo. Así suele suceder en las novelas que leemos, en las películas...pero en la vida ¿quién sabe?*

La nieve que en este momento cae en Sants, mi antiguo vecindario barcelonés, me obliga a detenerme en una cantina. Amanece, y me dirijo al gimnasio. Pero no es el relato de mi pasado quien necesita un café caliente, sino yo. Febrero y la luz matinal, son la excusa perfecta para volver a fotografiar aquellos personajes que abren el primer bar durante la madrugada.

# Epílogo

## ¿Partida... o retorno?

01/02/2018

La llegada es el logro; el establecimiento final después de un viaje. Un retorno, en cambio, implica sin duda regresar a lo establecido bajo el mismo paisaje o condición; un retroceso a vivir aquel momento que un día abandonaste con la misma fotografía que ahora te encuentras.

### La partida

Un diazepam delinea a través de la lengua mi despedida. Puntual. A las 5 am, me lo tomo nada más levantarme durante los diez días que quedan para el regreso final a Barcelona. El billete de norewegian airlines, está frente a los ojos para que tu decisión no ofrezca ninguna duda.

La llegada, uno intenta eludirla desde el mismísimo primero de enero. El "me voy", está junto a mi boca estos días, para que alguien que se considere cerca del que escribe, me pregunte de inmediato: "¿Estás seguro?"

Mientras, un apartamento lleno de cajas en Coral Gables ocupa mi cerebro. Dentro de su volumen, se esparcen libros, books, y algunos llibres.

Con aquel blanco ajado y mal pintadas, las paredes te

protegen del destierro que uno intuye. Alrededor, dos carpetas y una quincena de documentos oficiales. La memoria USB con mi información, ya está en mi bolsillo derecho en forma de llavero. En el sofá, cinco bufandas de lino esperan en mi maleta negra. A repartir, los muebles y enseres que aún no tienen destinatario con un azul muy particular en mi interior. La mayoría se esparcen en el parqué junto al clóset del pasillo.

La fecha de recogida de mis bártulos está cerca. Unos amigos que han dejado su furgoneta en la calle Calabria vienen por lo suyo: recogen mi televisor, un juego de copas de Ikea, tres camisas celestes, una silla de despacho y una librería de madera y hierro. Los que no entendieron la urgencia del desalojo, se quedan sin premio. Conclusión, es Goodwill quién se apodera del género.

El día sucede. Listo. Todo a punto. Devuelves las llaves al propietario. A continuación, uno se despide fraternalmente de su vecino John; sargento retirado de las fuerzas armadas estadounidenses. Sujeto noble. Y obtuso consumidor de pornografía masculina. Mientras observas su tez escuálida y el tubo de plástico en su esófago, uno deduce que la edad puede hacer estragos en cualquiera.

Nos miramos fijamente. Pupila a pupila. Y nos decimos un see you soon recíproco.

Ahora ya sólo quedan tres días. Anne, la mamá de mi hija, me acoge en su casa. Su marido Gregory, padrastro y colega, ha confeccionado su especialidad culinaria en mi despedida: una exquisita tarta de manzana elaborada con golden delicious, royal gala y un punto de bourbon. Athenea, mi primogénita, está lista para iniciar su salida nocturna a Miami Beach. Arregla la habitación. Coloca sus zapatos de aguja rojos en sus pies, y maquilla con fruición sus cejas frente al espejo del dormitorio. Al cabo de un instante, el sencillo "Date prisa y dime cuándo te vas", sirve para comunicarle un escueto "pasado mañana". A la décima de segundo, se suma su expresión facial con un

"Whaaat...! creía que te quedabas hasta Martin Luther King!". Al final, me da un beso en la frente como si fuera el Supremo Pontífice y yo le respondo con un "Amén".

Fort Lauderdale 11 de enero de 2018. Hora 23,50 pm ya estamos volando. Miami, es en este instante, solo una fotografía en google maps desde el aire.

## El retorno

Aterrizo. Y no me refiero a que sucede cuando el avión posa sus neumáticos en la pista. Aterrizo cuando mi mujer me reconoce entre una multitud, mientras cargo mis dos maletas y me dirijo hacia su figura. En aquel mismo instante que me da un beso...Aterrizo, cuando oigo mi lengua materna entre los altavoces del aeropuerto; cuando una perra se posa entre mis piernas sin pedir disculpas el propietario. Cuando la espuma de una cerveza Voll Damm cubre el tercio de una jarra. O estando en pleno mediodía, el humo que desprende unas patatas bravas recién freídas me secuestra, mientras el público cosmopolita del lugar comparte un del gol de Messi con sus oponentes.

La ciudad, hoy, sigue siendo esta multitudinaria urbe donde ahora todo turista quiere ver un templo modernista en cualquier esquina. Rezar un padrenuestro bajo la cúpula del cristo de la Sagrada familia. Y preguntar dónde están las Ramblas, después que un tour de Royal Caribbean inicie su llamada de emergencia antes de partir en un crucero hacia el Mediterráneo.

Barcelona ahora está fracturada y amarilla. Llena de lazos de este color en parques y en las solapas de las camisas de hombres y mujeres que creen que les han robado a sus políticos elegidos y presos en el exilio o la cárcel. Ocupada e intervenida como capital de Catalunya por un decreto del estado español. La Barcino de los fenicios, sufre la tristeza por los actos terroristas de agosto y por la situación política del momento. El desasosiego, lo percibes al ir a comprar el pan por la mañana, o simplemente sentado en un café mientras lees el periódico.

A pesar de todo hay que continuar de pie;...cambio de registro.

Mi mamá, a sus 88 años, sigue glorificando su amor por la cocina a base de unos deliciosos buñuelos de berenjena bien crujientes. Diseñando un arroz de playa con el dorado recio en el grano. Debido al olor que desprende un lujurioso sofrito de vegetales, marisco y conejo, mi tenedor hurga en la paella antes de ser servida. Al finalizar la tarde, continúa escribiendo un dietario personal mientras alterna su lectura con "La chica del tren" de Paula Hawkins.

**Una madre, bien vale un regreso.**

Mi mujer acaba de llegar de la prestigiosa escuela de escritura de l'Ateneu Barcelonés. Tiene deberes. La tarea es un monólogo en primera persona: el resultado un diálogo entre los dos para discutir dónde debería estar el cubículo de la ropa sucia: si en la galería, o dentro del lavabo. Más tarde, alargamos la conversación sobre si es apropiado que los calcetines se queden escondidos en el corazón de mis zapatillas de deporte o directamente se depositen en la lavadora. Blanca está hoy hermosa. El Azul de su interior y una blusa de algodón descansando en el respaldo de la silla la observan.

El regreso a casa no siempre adquiere la misma fotografía. Deduzco entonces que, no es un retorno sino una llegada a un nuevo espacio. Nada de lo que se registra en mi cámara interior coincide con lo dejado hace ahora veintidós años. Pero permítanme que contradiga de lleno, aquel dicho tan constructivo que habla de que "lo importante no es el punto de llegada, sino el viaje".

Pues bien: "No, quiero llegar al final" de este trayecto. Que no es lo mismo que omitir la coma después de la negación y expresar lo opuesto:

"No quiero llegar al final". Punto

**Eduard Reboll** 1955. Barcelona. Poeta, periodista, comisario de arte, crítico cultural en artes visuales, cine y teatro, profesor de español y editor de contenidos de la revista **Nagari**. Licenciado en Lengua y Literatura Española por la Universidad Internacional la Florida, *Summa Cum Laude*. Master en Periodismo, Comunicación Social por FIU. Inicia su escritura literaria en Miami,1995 mientras trabaja como reportero para el magazine Caternews. Ha escrito artículos para la revista Baquiana, Tumiami, Telaraña, Conexos, Signum Nous, Caritate, Rácata, Encuentros, y para los periódicos Expressnews. Colabora para el periódico El Nuevo Herald y ha publicado **La Lírica del Crápula** (Setra, 2008) y **mimiamimemata** (katakana editores, año 2017). Sus poemas han sido recogidos en distintas antológicas; la última **Oír Ese Río**: Antología para los ríos del mundo" (Ed. Charpentier, Buenos Aires). En la actualidad, tiene otro poemario inédito en preparación, **La mujer de Brickell**, sobre la nueva poética que encierra Miami como ciudad.

katakana
editores

www.ingramcontent.com/pod-product-compliance
Lightning Source LLC
Chambersburg PA
CBHW020323200626
46814CB00006BB/2384